数字时代 网络舆论生态 探究

侯劭勋　著

中国出版集团 东方出版中心

图书在版编目（CIP）数据

数字时代网络舆论生态探究 / 侯劭勋著. -- 上海：
东方出版中心，2024. 11. -- ISBN 978-7-5473-2587-2

I. G206.2

中国国家版本馆CIP数据核字第2024N21H59号

数字时代网络舆论生态探究

著　　者	侯劭勋
责任编辑	朱荣所
封面设计	极宇林

出 版 人	陈义望
出版发行	东方出版中心
地　　址	上海市仙霞路345号
邮政编码	200336
电　　话	021-62417400
印 刷 者	上海盛通时代印刷有限公司

开　　本	890mm×1240mm 1/32
印　　张	8.125
字　　数	180千字
版　　次	2025年1月第1版
印　　次	2025年1月第1次印刷
定　　价	70.00元

　　本书为研究项目"网络意识形态安全治理体系建构研究"阶段性成果，由上海市教育发展基金会和上海市教育委员会"曙光计划"资助（项目编号：23SG54）；并为中国浦东干部学院博士后科研工作站、复旦大学马克思主义理论博士后流动站在研期间部分成果。

序言

随着网络技术的快速发展和移动智能设备的广泛普及，信息技术的应用及其对现实社会的影响不断扩大，使其逐步与当前我国的经济发展、社会生活紧密交织、深度融合，数字化和网络化已深入人民群众日常生活的方方面面。数字技术也在教育、文化、交通、艺术等各个领域越来越发挥出重要作用，数字时代已悄然来临。

在数字时代，信息的呈现与传递表现出数字化、网络化、智能化等显著特征。这不仅引发了信息生产和传播路径的变化，而且带来了人们生产生活方式的改变。数字技术将信息编码成电子信号，使得信息摆脱实体的束缚，可以通过网络几乎无成本地迅捷且广泛传播。随着我国数字技术基础设施的不断扩张与完善，互联网已经覆盖绝大多数地区和人群，这意味着信息可以通过互联网实现迅即且成本极低、范围极广的传播。急速更新的信息技术、低成本的信息生产与传播、移动化智能化的网络覆盖、变革中的社会现实、多元化的社会思潮、海量的网络用户群体等各类因素交织，共同造就了我国当前客观环境多变、形势演化复杂的网络生态。

近年来，网络空间在蓬勃发展的同时，也产生了许多舆论怪象与安全隐患，如网络谣言、隐私泄露、网络暴力、算法遮蔽、观点极化、网络水军等。其中，有的是传统问题在网络空间的新形式与新表现，有的是新的技术、新的思潮等造成的新问题与新风险。然而，不论是旧问题的新表现，还是新问题带来的新风险，都在较大程度上影响着整个网络舆论的生态环境。这些复杂的网络生态问题往往以一个个舆情事件的爆发和交织为具体表现，掀起一波波舆论浪潮，冲击并建构着网络舆论场的生态样貌。其中，一些网络舆论风波给网络舆论场造成了明显的负面影响，且不同类型的问题给网络舆论场带来了不同的影响效应，导致网络空间出现诸多类型的问题与风险。例如，网络谣言的传播会误导网民群体对于某一事件的具体看法，导致群体撕裂、情绪对立或者社会信任的降低，更有甚者会激化社会矛盾或煽动一些人做出不理智的行为，进而影响舆论生态与社会秩序。各种不良社会思潮，如极端主义、拜金主义、利己主义等都可能会对我国传统主流价值观念和网络空间秩序造成冲击。极端主义可能会导致部分网民负面情绪放大，引发舆论极化现象；利己主义可能衍生出网络空间的仇老厌童情绪、缺乏包容之心等问题；拜金主义则可能会导致金钱至上、为了经济利益而忽视公序良俗等问题。各类社会思潮交织融合，与网络流量变现、MCN 公司炒作等一结合，所造成的影响更可能被成倍放大。近年来，网上涌现出的网红为流量编造谣言、带货主播偷税漏税、群体对立掀起网络骂战、遭受网络暴力选择轻生等现象，都对正常的网络舆论生态带来了冲击，并且对社会主义核心价值观在网络空间中的传播造成了一定程度的影响，甚至可能会波及现实社会秩序的安定。

基于当前复杂的网络舆论状况，本书通过对近年来网络舆论场中的一些较为显著的现象进行剖析，试图揭示其背后的风险和隐患。如选取了网络谣言、舆论极化、突发事件、公共危机、情绪疏导、知识科普、网络形象构建、核心价值观培育等与当前网络舆论场治理息息相关的主题进行分析。并结合近年来一些具有代表性的舆情热点案例，通过采集与分析数据，追踪其发展脉络、剖析其深层成因、评估其作用影响、总结其经验教训等，对相关问题的治理与主流价值观的弘扬，开展了一些探索性思考，并尝试提出一些可供参考的具体建议。

从宏观上讲，本书主要从网络舆论场特征特点、有效引领、问题应对及风险防范等几个方面对当前网络舆论场的生态治理进行了总结与思考。首先，关于网络舆论场的特点，主要是从热点话题、自媒体爆文特征等方面，探讨当前网络舆论场域中具体有哪些深受网民关注的话题，相关话题又是如何引发关注，其传播特征有哪些，等等；其次，关于网络舆论场的问题应对与风险防范，探讨的重点则是网络谣言的治理、网络舆论极化现象如何化解、涉负面舆情的主体如何主动应对、舆论场负面情绪如何疏导等方面；最后，关于网络舆论场的主动引领，探讨如何通过官方媒体的功能发挥、意见领袖的建设和网民素养的培育、舆论主体的主动形象构建、主流价值观念的彰显与弘扬等，营造网络舆论场的理性讨论空间和主流价值引领。

随着网络空间中的意识形态争夺战愈发激烈，层出不穷的舆论热点事件已成为不同的思想认知、价值观念的"战场"，这是网络与现实的深度交织的体现，是当下社会现实与思想观念在网络空间的映射，同时又反过来影响着网民群体对社会现实的判断。其中，正向的观念促进现实健康发展，负向的观念则可能对现实世界造成阻碍甚至冲击。近年来，党中央高度重视网络空间治理，在不断完善法律、制定并实施相应的政策、开展一次次专项治理活动等硬性措施之外，加强网络思想政治教育等潜移默化的软性措施也成为网络治理的应然之举。因此，本书在探讨网络生态治理体系构建的基础上，也进一步思考了网络舆论与网络思政之间的内在关系，并结合对当前网络空间治理和舆情疏导的经验做法的总结归纳，探索当前网络思政教育工作如何同网络舆情的掌握和引导相结合以及如何通过多主体的共同努力对当前网络舆论生态进行系统治理。

网络思想政治教育是将破坏网络生态的风险因子遏制在传播链初始阶段的重要举措，是从源头遏制网络舆论风波、治理网络空间的重要组成部分。具体来讲，一方面，网络思想政治教育将网络作为信息交流的平台，重点关注网络信息受众的网络信息素养，提升受众信息搜集、甄别、交流的能力，防范化解网络空间的风险隐患；另一方面，将网络作为思想观念碰撞、信息传播的空间，通过受众在网络空间中的言行，发现受众的思想、道德、心理可能存在的问题，从而进行疏导、引导以解决这些问题，促使受众形成正确的思想观念，培养网民群体积极向上的精神风貌、营造风清气正的网络环境、培育网民群体的主流价值观念，等等。加强网络思想政治教育工作，还需要更好地认清网络舆论场的客观特征，将网络舆情治理作为网络思想政治教育的有力抓手，对网络舆论场展开深度的研究与剖析。此外，建设清朗的网络空间和风清气正的网络舆论环境更能够促进网络思政、社会思政与学校思政的融合与衔接，对社会民众，包括大中小学生群体、网络用户群体、社会媒体机构、网络内容平台等，构建综合性治理系统均有一定的探索意义。

网络空间包罗万象，每天都有新鲜事件发生，舆论风波往往一波未平一波又起，网络舆论治理是一项需要长期致力的工作，网络空间生态维护也需要将功夫用在日常。本书就网络舆论生态治理开展了一些探索性思考，但是受限于整体研究框架及部分案例数据的收集，只做了一些初步的思考与讨论，未能对所有涉及问题进行深入剖析，部分案例与问题也未能完整且深入地给予揭示与呈现，在运用相关理论开展整体探讨方面还有所欠缺。因而，这些都是在后续专题研究中需要进一步努力的方向。

上海市政府重大行政决策咨询专家
高德毅教授

目录

总论：网络舆论生态治理的成效、议题与视角

随着互联网技术与应用的发展，社会已进入数字时代，各种问题数字化，网络舆论场也越来越复杂。随着网络舆论引发的问题日趋增多，网络对现实社会产生的影响越来越大，有必要对网络舆论进行系统研究。本书结合近几年中舆论场内各领域的代表性问题与案例展开分析，以期为推动网络舆论生态治理提供一些启发性的思考。

一、网络舆论生态治理取得良好成效

党的十八届三中全会首次提出"推进国家治理体系和治理能力现代化"这一重大命题，同时坚持把完善和发展中国特色社会主义制度、推进国家治理体系和治理能力现代化作为全面深化改革的总目标。① 以习近平同志为核心的党中央紧紧围绕完

---

① 习近平：关于《中共中央关于坚持和完善中国特色社会主义制度 推进国家治理体系和治理能力现代化若干重大问题的决定》的说明，《人民日报》2019 年 11 月 6 日。

善和发展中国特色社会主义制度、推进国家治理体系和治理能力现代化这个总目标全面深化改革，加强党的领导，坚持问题导向，突出重点领域，深化党和国家机构改革，在一些重要领域和关键环节取得了重大进展，为党和国家事业取得历史性成就、发生历史性变革提供了有力保障[①]。我国的网络治理时刻把握技术创新与发展的"时"与"势"，以科学的思维方法指导网信事业的发展，擘画出了具有鲜明中国特色的网络空间治理体系蓝图。[②]

习近平总书记曾在二十大报告中谈及党的十八大以来我国舆论生态的变化："十年前，我们面对的形势是……拜金主义、享乐主义、极端个人主义和历史虚无主义等错误思潮不时出现，网络舆论乱象丛生，严重影响人们思想和社会舆论环境。……十年来，我们坚持马克思列宁主义、毛泽东思想、邓小平理论、'三个代表'重要思想、科学发展观，全面贯彻新时代中国特色社会主义思想，全面贯彻党的基本路线、基本方略，采取一系列战略性举措，推进一系列变革性实践，实现一系列突破性进展，取得一系列标志性成果，经受住了来自政治、经济、意识形态、自然界等方面的风险挑战考验，党和国家事业取得历史性成就、发生历史性变革，推动我国迈上全面建设社会主义现代化国家新征程。……我们确立和坚持马克思主义在意识形态领域指导地位的

[①] 新华社：《中国共产党第十九届中央委员会第三次全体会议公报》，载《中国纪检监察》2018 年第 4 期。

[②] 范晨虹、苑一帆：《扎实推进网络空间治理，提高网络综合治理效能》（2023 年 11 月 16 日），https://cj.sina.com.cn/articles/view/1893892941/70e2834d02001gqpx（访问日期：2024 年 4 月 10 日）。

根本制度，新时代党的创新理论深入人心，社会主义核心价值观广泛传播，中华优秀传统文化得到创造性转化、创新性发展，文化事业日益繁荣，网络生态持续向好，意识形态领域形势发生全局性、根本性转变。"① 由此可见，在党中央的领导和相关主体的共同努力下，我国网络舆论生态治理已取得良好成效。

党的十九届三中全会强调，面对新时代新任务提出的新要求，党和国家机构设置和职能配置同统筹推进"五位一体"总体布局、协调推进"四个全面"战略布局的要求还不完全适应，同实现国家治理体系和治理能力现代化的要求还不完全适应②，加快推进国家治理体系和治理能力现代化，仍然任重而道远。为进一步加强网络治理体系和治理能力建设，加快推进网络强国目标的实现，我们需丰富网络治理的新维度，为高效赋能网络强国建设提供现实遵循。③ 2023 年 10 月，全国宣传思想文化工作会议首次提出习近平文化思想，标志着我们党对中国特色社会主义文化建设规律的认识达到了新高度。我们党以清醒的文化自觉，将宣传思想文化在国家发展中的价值提到新高度，④ 为我们做好新时代新征程宣传思想文化工作、担负起新的文化使命提供了强大

---

① 习近平：《高举中国特色社会主义伟大旗帜 为全面建设社会主义现代化国家而团结奋斗——在中国共产党第二十次全国代表大会上的报告》，人民出版社 2022 年版，第 4-10 页。

② 新华社：《中共中央关于深化党和国家机构改革的决定》，载《实践（思想理论版）》2018 年第 4 期。

③ 范晨虹、苑一帆：《扎实推进网络空间治理，提高网络综合治理效能》（2023 年 11 月 16 日），https://cj.sina.com.cn/articles/view/1893892941/70e2834d02001gqpx（访问日期：2024 年 4 月 16 日）。

④ 潘莉、任凤梅：《自觉、自信、自为：习近平文化思想的逻辑理路》，载《湖南社会科学》2024 年第 2 期。

思想武器和科学行动指南。而将马克思主义基本原理同中国具体实际相结合、同中华优秀传统文化相结合的重要论断，也为推进社会主义文化强国建设提供了重要的方法论指导。

随着网络信息技术的发展，舆论场的主阵地由传统媒体转向网络媒体。作为宣传思想文化的重要阵地，网络空间生态环境良好对网络安全乃至国家安全显得愈发重要。现阶段，传统大众媒体的单向传播模式不再适用，取而代之的是网状模式——广大受众不仅单纯地接收信息，也同样参与和推动信息的传播。这就使得舆论在新媒体语境下是空前活跃的。这一方面有利于各种观点与思想的碰撞与交流，但另一方面也加快了负面信息的传播速度，而其影响力也从来不限于网络虚拟空间，社会事件引发的负面性舆论影响力会外延至现实空间。因此，网络舆论治理对网络空间治理乃至国家治理体系的重要性愈发显现。

从本质上来看，网络舆论是网民通过互联网，对焦点话题表现出的带有一定影响力与倾向性的意见与言论，是通过网络表现出来的社会舆论，是价值观念与意识形态的一种体现。[1] 经验和现状都显示出，要维持社会和谐、国家稳定，离不开核心价值观的渗透。习近平总书记指出："文化软实力的灵魂是什么？文化软实力建设的重点是什么？就是核心价值观，这是决定文化性质和方向的最深层次要素。……培育和弘扬核心价值观，有效整合社会意识，是社会系统得以正常运转、社会秩序得以有效维护的重要途径，也是国家治理体系和治理能力的重要方面。"[2] 加强

---

[1]　谭伟：《网络舆论概念及特征》，载《湖南社会科学》2003 年第 5 期。
[2]　习近平：《论党的宣传思想》，中央文献出版社 2020 年版，第 52–53 页。

网络思想政治教育，培育和弘扬社会主义核心价值观，使其渗透于国家治理的各个环节与层次，需要政府、社会和民众各方面的努力。

因此，提高舆论场域的治理能力，加强网络舆论生态治理，不仅是社会主义核心价值观建设的重要抓手，也是加强网络思政建设的重要保障，更是维护良好的舆论生态、促进社会稳定的必然要求。于内而言，要引导重大社会事件的舆论方向，避免民众恐慌情绪的扩散，有效安抚民众心理，增强政府公信力；于外而言，在人类命运共同体的大背景下，各种思想交织碰撞，如何传播正确的信息与观念、保护舆论场域的安全，是国家治理现代化必须回答的问题。我们必须树立网络舆论生态治理的系统观，倾力打造综合治理的框架与体系，维护网络安全。虽然网络舆论生态治理是一个宏观概念，但是在现实中，舆论的呈现往往基于一个个具体舆情事件，牵涉主体多面，舆论起因复杂，舆情走向影响因素广泛。平息一个个舆论风波，还需要从具体事件的具体情形入手，具体问题具体分析。

二、网络舆论生态治理中的热点议题

为更好地认识网络舆论生态治理过程中存在的一些问题，本书结合近年来引发热议的网络热点事件，跟踪监测网络舆情热点变化，对相关议题运用大数据采集与分析的方法进行分析。以网络舆论参与主体为线索，探索网络舆论的传播路径，分析民众、官方媒体、高校组织、网络大 V 等在网络舆论场域中的作用，为舆情治理现代化提供丰富的案例经验，为引导和监督社会舆论、塑造良好网络讨论环境提出针对性意见。同时，对同类舆情事件或舆论状况的处理与治理进行分析，对网络舆论生态治理的体系建设和能力提升开展一些探索与思考。主要包括以下章节。

第一章《打通谣言治理"最后一公里"》以"网络谣言"为主题，主要分析网络舆论中此类负面信息的生成、特征与传播模式，从而精准快速地进行辟谣，这是网络生态治理的一个重要方面。在新媒体环境下的舆论场域中，辟谣主体更加丰富，呈现出以官方媒体为主导，辟谣主体多元化的特点，官方媒体已经逐渐探索出了多元化的舆论引导角色。本章以北京民航总医院伤医事件为例，选取《人民日报》微博号这一官方媒体，分析其在该事件中的角色形象，观察其如何开展辟谣等舆论引导工作。《人民日报》微博号以亲民的姿态，报道事件并且允许舆论进行观点抒发，促使舆论朝着理性化的方向发展。这种角色定位的转换和谣言治理思路的转变，为新媒体语境下，官方媒体如何应对谣言以及更好打通舆论引导的最后一公里提供了新的思考。

第二章《重大公共事件舆论场域中官方媒体的功能发挥》将关注的重点进一步聚焦于官方媒体。随着自媒体的迅猛崛起，官方媒体的生存和发展遭遇巨大挑战。但是，官方媒体仍然以其独特的信息获取渠道、专业的报道和分析优势，以及长久以来积累的公信力仍然在舆论场中占据主导地位。本章选取官媒代表"@央视新闻"在新冠疫情中的微博发布的内容为研究对象，分析官方媒体的发声特征，并为官方媒体如何充分利用自身优势精准掌握舆论诉求，有针对性地进行舆论引导，以发挥其稳定民心的中流砥柱的作用提出建议。

第三章《第三方科普账号如何助力提升网民科学素养》聚焦于网民这一舆论主体的网络素养问题，通过研究网络科普这一主题，将舆论治理的工作放到日常生活中。本章选取"毕导THU""丁香医生""罗翔说刑法"三个不同专业领域典型科普账号作为案例，通过对其参与事件的舆情走势、引起讨论的规模、衍生观点的传播等方面的分析，总结归纳第三方科普平台采用何种策略才能更好地启"民智"，帮助提升网民科学素养。最后，就第三方科普账号及其相关主体如何在网络内容生产与服务层面更好地发挥作用提出具体建议。

第四章《高校新闻"霸榜"呼唤良好舆论形象的主动构建》主要关注舆论场中的一个重要话题——高校。近年来，高校的师德师风类问题、学术造假问题、学校学生管理问题等相关事件层出不穷，引起一阵阵舆论风波。而且，许多高校在面对舆论时似乎并没有相匹配的舆情处理能力，甚至弄巧成拙，让舆情雪上加霜。另外，目前我国高校学生规模庞大，学生较高的媒介素养以及现实中与学校相对的弱势地位，使其在舆论场中拥有较强的发声优势。他们在网络中发布与学校相关的信息激发舆论风波，往往使学校处于被动的弱势地位。本章通过梳理 2020 年近一年的热点舆情事件，尝试建立高校需要重视的事件类别清单，同时选取武汉大学良好的网络传播反响事件作为代表性正面案例，从主动建设的角度为我国高校开展舆情治理工作提出相应建议。

第五章《师德师风类舆情需兼顾应对与防范》在第四章的基础上，进一步聚焦高校舆情的一个重点领域——师德师风问题。

近年来，我国高校师德师风类问题频发，不仅给广大教师群体造成极大的负面影响，破坏高校形象和声誉，更使得高校能否坚守"立德树人"的根本任务遭遇严重质疑和挑战。本章选取舆论影响较大的"上财钱××事件"作为典型案例，通过设计性质指数指标，数据化分析上海财经大学应对舆情事件的有效方法，指出防治为主、应对为辅，通过制度设计和机制完善等线下治理，从根本上杜绝相关事件的发生，是高校应该追求的治理目标。除了利用官方媒体发声外，吸纳或培育有影响力的网络大V等相关主体参与引导引舆论，是高校提升舆情治理能力和建设舆情治理体系的一个突破方向。

第六章《热点突发事件的公众情绪与舆论疏导》不再聚焦于某一个领域的话题，转而关注舆论波及范围较广和影响力较大的社会热点事件。在这些事件中，舆论生发及治理涉及主体增多。本章以演员高以翔猝死事件为例，聚焦于普通网民、网络大V、官方媒体和涉事单位在该事件下发声的正向作用或不足，探究在新兴的网络舆论平台及动态的网络讨论环境的大背景下，普通网民如何避开"乌合之众"的陷阱。同时，针对热点突发事件引发的舆论场域中较为复杂的舆论状况，探究各类参与主体如何更加理性地参与网络空间舆论场、疏导舆论非理性情绪、构建良好舆论环境。

第七章《网络舆论中的情绪极化与理性培育》关注网络舆情事件演化的一种极端状态——舆论极化现象，以"北京SKP禁止外卖员进入商场"这一复杂的社会热点事件为切入点，对微博评论内容进行分析，观察舆论极化的演变过程，分析舆论主题泛化偏离、舆论情绪极端对立的具体表现和特点；并针对当事主体、媒体、网民三个主要的舆论推动主体提出建议，如面对舆论热点事件时，要避免被误读、坚守媒体原则、提升信息甄别能力，等等。不同于现实世界，网络舆论的生成、发展有自己的规律，研究舆情规律，剖析其演变的极端现象及其影响，有助于我们深入理解舆情治理的重要性，促进舆情治理体系的综合性发展与完善。

第八章《网络空间中爱国主义的彰显与弘扬》聚焦红色电影在网络空间中的爱国主义教育，将网络治理的思路扩展至网络思政教育这一层面。爱国主义教育、核心价值观的培育等不能只依靠传统的学校和课堂的硬性灌输，更需要网络传播的无声浸润。主旋律电影作为一种艺术形式，是理想的爱国主义教育资料和宣传载体。因此，增强此类电影的吸引力，扩大观看人数，需要创作团队花费更多心思，增加吸引不同人群的因素。本章以《我和我的祖国》和《建军大业》为案例，对比以微观叙事和宏大叙事的不同方式讲述主旋律故事在网络中得到的不同评价，分析好的主旋律电影故事得到好评、产生正面影响力的重要因素。随着社会的发展变化，爱国主义等社会主流价值的传播与弘扬方式也应当紧跟对象群体特点以及网络舆论的反应等作出相应改变，将视角下沉，减少过多的宏大叙事，增加更加动人的个体微末故事细节，做好爱国主义宣传，让爱国主义与核心价值观真正深入人心。同时，本章的分析也可为政府转变舆情治理观念、讲好中国故事等提供借鉴。

第九章《数字时代的网络舆论生态治理思考》是对本书探讨

主题的总结与深化，从机制建设角度，总结了我国当前推进网络舆论生态治理工作的具体措施，包括完善网络舆情的治理机制、完善网络舆情的治理机制、加强多元主体的内容生产与互动传播机制、强化网络安全风险的处置机制、构建网民群体的教育机制等五个方面，以期为舆情治理的机制建设与长远规划提供建议与参考。

整体来看，本书的研究视角、研究主题呈现出多元多层次的特点，同时引用了大量丰富的具体案例，分析涉及舆论各方主体的特点，并为如何调动各方主体的积极性与主动性、完善舆情治理体系提出一些建议，对加强我国网络空间舆论治理的具体实践提供一些参考。

三、网络舆论生态治理的多维视角：观念、经验与体系

为有效应对与防范网络舆情对整个网络舆论生态所带来的冲击与影响，我们需要开展好网络舆情治理工作。当前，我国的舆情治理工作虽取得了一定成效，但舆情治理体系尚不完整，舆情治理能力仍需提高。在面对重大公共事件时，仍存在内部恐慌、偏激情绪扩散与外部媒体蓄意中伤等问题，舆情治理的现代化任重道远，我们仍需寻找新的方式。首先，应从舆情治理观念上进行更新与迭代，转变治理视角；其次，学习他国先进经验，结合我国国情，改进我国的事件报道方式；最后，实现舆情共治，引导多方主体共同参与舆情治理，搭建舆情共治体系。

（一）观念迭代与更新：治理视角转变

传统媒体环境下，官方媒体掌握着社会最主要的信息渠道，如新闻、广播、报纸，掌控整个传播过程，它们是决定着信息内容的质量、数量、流量及流向的"守门人"。官方媒体在舆论体系处于中心位置，由官媒发布的信息往往会得到广泛的传播与认同。进入新媒体时代，大众舆论的传播路径有了天翻地覆的变化。公众不仅是信息接收者，也是信息传播者。新闻传播模式发生变革，某种意义上不再受"守门人""把关人"的约束。新媒体环境中媒介的可接近性增强，使普通受众具备了议程设置的条件，进而削弱了官方媒体对议题进行主导的绝对地位。

传统媒体是高度体制化的存在，虽然有政府和相关机构的背书，但是也因此受到一定的限制。相比之下，自媒体活跃的网络舆论场域，在某种程度上则是社会舆论的直接反映。新环境下的舆论情况变幻莫测，不同的思想、观点都获得了传播土壤，对于政府的舆论引导、监督能力提出了更高的要求。但事实上，不发挥思想引导作用的大众媒介是不存在的，以网络媒体为代表的新媒体环境下的舆论传导路径，仍然有迹可循，新媒体仍然能够作为舆论引导的重要手段。对此，政府应首先认知到新媒体时代与传统媒体时代的区别，转变管理的思维与方法，利用舆情传播的能动性，一方面合理引导，一方面促使舆情参与各方主体发挥主动性，形成舆情共治机制，推动舆论场域治理现代化建设。

例如，主旋律文艺作品在思想政治教育方面有着很强的引导价值，对于弘扬以爱国主义为核心的社会主义核心价值观而言有着重要意义，然而如何使主旋律文艺作品能真正打动人心是文艺创作者们应该不断思考的问题。当前，填鸭式说教已不能被大众所接受，以细节动人心的娓娓道来似乎在故事传播中更加成功。

（二）学习其他国家先进经验：去糟取精

面对全球一体化和经济全球化的大趋势及其带来的一系列复杂问题，没有一个国家能够独善其身，大家都需要寻求合作、开展合作。舆情治理现代化的进程并非闭门造车，应借鉴其他国家先进经验，结合本国实际情况与特殊国情，去其糟粕取其精华，内化先进思想，应用先进方法，不断结合新情况、新问题，推动舆情治理机制的迭代与更新。我们提出了应借鉴国外媒体传播学原理、谨慎处理刻板印象、合理利用第三方意见领袖等一系列针对性建议。这也是我国改善国际传播，讲好中国故事、塑造良好国际形象的必然要求。

（三）舆情共治：建立多元化舆论引导与舆情治理体系

在网络舆论场和新时代的传播结构下，传统的"守门人"把关式的管理模式无法适应当下的实际情况。传统的舆论治理将主流思想放在整个舆论体系的中心位置，强调单一秩序。而现代化的舆论治理体系摒弃了原先的线性思路，将多元舆论也纳入舆论生态体系中，并且考虑到受众与信息源的双向互动[1]，将不同舆

---

[1] 李宗建、程竹汝：《新媒体时代舆论引导的挑战与对策》，载《上海行政学院学报》2016年第5期。

论传播主体纳入舆情共治体系中，建立社会与政府共同发挥作用的新型关系，进而推动舆论治理现代化。

1. 治理主体：以积极态度应对危机，用有力证据击碎谣言

（1）官方媒体

我们党很早就认识到思想解放的重要性。时至今日，倡导社会主义核心价值观、传达党和国家的思想纲领、引领社会新风尚仍然是官媒党报的头等大事。在舆论场域，官方媒体同样发挥着不可替代的重要作用。然而，在飞速扩张的网络舆论场域中，新媒体、自媒体的声量和话语权逐渐上升，官媒对舆论的引导和管理能力需要提升。在新时代的背景下，官媒如何适应新的舆论环境、提高管理能力，是本书所要探讨的问题之一。

面对突发的舆情事件，如 2020 年以来新冠疫情中的种种谣言、2022 年东航飞机失事后的种种阴谋论，官媒的正确应对将为后续的事件处理提供良好的群众基础和舆论环境，但就目前的情况而言，官媒的治理策略仍有提升和改进的空间。本书中有两个章节重点关注官方媒体的角色功能，对舆论事件中官媒的赋能作用和官媒在多元化角色转变上取得的积极成果表示肯定，但是也建议官媒更积极主动地参与负面事件的披露中。与其给"无良小报"留下遐想的空间，不如及时下场"正视听"，提供真实有效的证据，有力地说服民众，这样不仅能达到良好的辟谣效果，争取民众的好感，建立公信力，也能从根源上斩断谣言孕育和发展的空间。

另一个亟待解决的问题，在于如何建立良好的国内国际形象。公信力和形象建立需要的是长期布局，与民众建立牢固的联

系，为后续的发声赋能打下坚实的基础。就国内舆论而言，本书提供了一条思路——与第三方平台合作，双方优势互补，联合自媒体人清华大学博士毕啸天为长征五号做宣发、制作青年大学习节目就是一个成功的案例。同时，对于与中国相关的国际事件，如何从细微处入手，以多样化手段给外国友人和国际媒体留下大国印象，也需要不断探索与创新。例如，2022年的北京冬奥会，网红吉祥物"冰墩墩""雪容融"的活跃互动与奥运村安排的春节系列活动，成功地给各国运动员与媒体记者留下中国热情好客、历史悠久的大国形象，在舆论场域中留下了非常好的国家形象与气质。

（2）涉事责任主体

不论是高以翔猝死案中的浙江卫视、卫健委，还是钱××事件中的上财、外卖小哥事件中的北京SKP商场，它们看似被动，但作为事件中的直接管理者，实际上具有"后发制人"的能力，完全可以通过高效有力的回应，摆脱负面舆情的影响。

本书针对"高校"这一特殊主体，提供了应对舆论危机的方法。高校作为行政事业单位，不像政府机关有更为强势的行政管理能力，但又比普通的企业单位多了一层"官方"的色彩，还带有"教育"这一特殊属性，因而在各类舆论事件中备受关注。在危机发生之后，高校应当积极应对处理，端正态度，坚决杜绝"捂、压、盖"等做法，防止"小事拖大，大事拖炸"；舆情爆发转播后，高校更应站稳立场，提高处理效率和处理效果。正所谓"互联网没有记忆"，网民的关注点会在不同的热点事件中快速切换。如果不能在爆发期给出经得起检验的处理结果，负面事件将对高校的公众形象造成永久性的损害。其他企事业单位，如本书案例中提到的浙江卫视、SKP商场、卫健委等，都不能抱有侥幸心理，而是应当积极回应，有错认错，辟谣讲证据。舆情发生后，若是关闭评论、消极应对，企图以鸵鸟心态拖过事件爆发期，只会让事件愈演愈烈，无益于危机的解除。

2. 治理桥梁：双管齐下广开言路，官民一体互联协作

舆论是信息和观点的场域，所谓"媒体"，就是传递信息的媒介，不论是官方媒体，还是传统纸媒、电视媒体，抑或新兴的自媒体，都在发挥传递信息的作用。那么，治理工作的桥梁就是舆论治理过程中将观点和信息在政府和民众之间传递的媒介。本书重点关注了官方媒体和第三方平台发挥的作用与其进一步发展的空间。

就官方媒体而言，既是治理主体，又是沟通主体和客体的桥梁。一方面，作为治理主体，官方媒体可以借助自身的地位，有力地破除谣言，帮助政府机关和管理部门建立正面的舆论形象，为今后的管理打下坚实的基础；另一方面，作为治理工作的桥梁，官方媒体可以利用自己的高关注度和广泛的受众群体，不仅向民众发布信息，也接受民众的反馈和监督意见，成为政府机关和广大人民群众之间沟通的桥梁。本书针对重大事件中官媒定位做出了分析并提出了思考和建议。从当前的情况来看，官方媒体维稳的正向报道居多，态度审慎保守，对负面信息的应对偏向消极回避。但是就民众反馈来看，"捂盖子"有损官媒公信力，而主动公开、及时通报或可掌握主动权，避免负面信息发酵、负面情绪激增。同时，官媒作为政府机关的延伸，在紧急事件中常常

掌握更多的资源和信息渠道，尤其是重大事件中的一线实况，这些多是第三方自媒体难以涉及的领域，此时应积极发挥官媒优势，对民众关心的重点问题及时解惑，有利于提升公信力、消解民众恐慌情绪。另一方面，应增加官媒传播广度，增加官媒传播与宣传方式，这也是更好聚合群众、传播正能量的有力途径。例如，央视记者王冰冰全网爆红之后，接连参加了青年大学习、东京奥运会、春晚以及央视综艺《你好生活》等活动的录制或采访工作，以亲民的形象在一线进行新闻传播，获得大量关注。

就第三方平台而言，自媒体是互联网时代的新产物，是区别于传统纸媒、电视广播媒体的新媒介。自媒体的特殊性在于，相较于官方或传统媒体，它更加贴近民众、交互性强、准入门槛低。因而，从积极的方面看，自媒体能够有效地对官方渠道做出补充。如果说官媒是信息传递的大动脉，那么自媒体就是毛细血管。第一，自媒体的内容可有针对性地为目标受众量身定制，可对信息进行加工和处理使之迎合受众观念，因而接受度更高。例如，"毕导"以其"用科学知识来写有趣的内容"的创作风格，吸引了一批对科学充满好奇心的年轻人，与长征五号的联动有效起到了引流作用。第二，自媒体有很强的专业性和独立性。相较于传统媒体，第三方平台往往处于非利益相关者的地位，能够更加自由地输出观点，提供更加多元、更加专业的思考。例如，中国政法大学的罗翔老师由于其富有哲理的法理解析，受到广大网友的追捧。在各类社会事件中，他的分析启发了网友的理性思考，对消解网络讨论的戾气起到了积极作用。第三，低准入门槛意味着许多自媒体更贴近治理客体一端，自媒体输出的观点在某种程度上也代表了其受众群体的观点。有关部门在监测舆情时，也可借助网络大 V 的反应对当前的舆情做出初步判断，第三方平台的存在能够帮助政府和管理部门更及时有效地接受民众的反馈。从上述三点的意义上，良好舆情治理环境下的第三方平台能发挥舆论环境晴雨表和公众情绪蓄水池的作用。一方面，第三方平台可反映民众的想法和意愿；另一方面，第三方平台可帮助调节民众极化情绪，通过政策解读、观点输出等方式改善信息茧房现象，提供多元化的角度，对同一事件做出不同角度的理解。

此外，就当前的第三方平台现状而言，虽然已经有一批优秀的第三方平台涌现出来，为第三方平台参与舆论管理体系建设奠定了良好的基础，但仍有改进和发展的空间。例如，在当前舆论场域中，仍然不乏由"商场禁止外卖员入内"等而引发的阶层冲突的舆情极化和泛化现象。本书建议媒体在报道此类事件时，秉持理性、客观的态度看待冲突和矛盾，杜绝刻板印象，从多元视角看待问题。通过对毕导、罗翔和丁香医生三个成功案例的分析，建议第三方自媒体在运营时，要打好传播信息基础，认真打磨内容，提高质量，建立差异化的输出风格。另外，在自身道德修养上，要时刻保持谦逊的态度，珍惜公众的信任，发挥正向引导作用，为良好的舆论治理体系的建立贡献一份力量。

3. 治理客体：理性思维辨别信息，审慎态度杜绝谣言

舆论生态的治理，虽然以政府和网络大 V 为主导，但真正参与和构成舆论场的，仍然是广大民众。要维护舆论场域的秩序、建立良好的舆论反馈和监督机制，最终还是要依靠广大的人民群众。要提高民众的思辨能力、审慎传播信息的能力，一方面

自媒体等要提高自身能力，潜移默化地改变受众的思维模式，如毕导、丁香医生和罗翔；另一方面，民众自身也要认识到个人的局限性和网络空间的传播特性，提高应对谣言、理智讨论的意识，民众应当积极接受多元渠道的信息，同时对证据模糊与不足的信息审慎传播，为构建清朗的网络舆论环境添砖加瓦。

第一章 打通谣言治理"最后一公里"

一、研究主题

互联网、移动终端、数字技术等裂变式发展，推动各类新媒体迅速壮大，为社会民众的舆论表达提供了方便且快捷的平台与渠道。近年来，新媒体语境下的社会舆论是空前活跃的，一方面引发了各种观念与思想的激烈碰撞与交织，另一方面也方便了各类负面信息的生成与传播，其中以谣言为甚。

网络谣言主要有三大特征。首先，在形式上，网络谣言擅长通过欺骗突破人们的心理防线，网络谣言编造者注重内容表达的话术，经常采用新闻报道的口吻，利用人们对于数据的迷信心理，将陈述内容数据化，同时借助信息不对称的自然优势，将信息神秘化，大肆宣扬"内部消息"；更有甚者，假借权威媒体名义，使人们防不胜防。其次，在内容上，网络谣言的内容通常与人们的需求密不可分，如重大公共事件爆发时，人们通常关心此类事件的前因后果，对于发生原因抱有极大的好奇心，对于事件造成的严重后果具有一定的恐惧感，在权威媒体尚未发声、缺乏对于事件真相的披露时，网络谣言编造者便带有目的性地对事件进行编造，利用人们的猎奇心理，揣测事件发生的原因，利用人们的恐惧心理，夸大事件的后果，激起人们强烈的情绪反应，从而使谣言传播更广。最后，在传播速度与范围上，网络谣言的传播速度飞快，"好事不出门，坏事传千里"，在事件尚未尘埃落定之时，"吃瓜群众"已经讨论得沸沸扬扬。奔跑在"吃瓜"第一线的每一次键盘敲击都是网络谣言借以传播的基础。在传播过程中，不同的传播者又对原始版谣言进行添油加醋的处理，从而造成了以讹传讹，真相便更加扑朔迷离。

网络谣言的传播模式大致分为以下三种：一是树状传播。这主要是指一传十、十传百的传播形式，先有几个人听信了最初编造出的谣言，再由这几个人各自将谣言传播给周围一定数量的人，形成一种几何数量级传播的形式。这种传播模式往往具有传播速度较快、信息量较大、反馈性强等特征，表现出一定的双向性与交叉性传播特点。二是放射状传播。这是指在信息源层面上编造出的谣言，从谣言来源平台向无数平台受众发送。例如，在手机新闻、微博、微信等社交媒体平台，谣言以新闻形式被编造出来，直接面向所有平台受众。三是"病毒"型复式传播。这是网络谣言在特殊时期最为广泛的一种传播模式。各种传播媒介交互作用，组成一个庞杂的信息生态系统。不同于报纸、电视等传统媒体有相对严格的准入与监管制度，互联网信息发布的监控力度并不大。在互联网上传播着的信息，其真实性无法被及时一一核查，一方面在互联网内部各版块间循环往复交流，另一方面在信息生态系统中，互联网也担任接收其他媒介信息、输出信息给其他媒介的角色。因此，在互联网滋生的谣言首先在网络上快速传播，进而波及其他信息生态系统，由线上蔓延至线下，形成病毒式的快速扩散模式。[①]

网络谣言的影响不仅限于虚拟空间，更会延伸至现实的社会生活。辟谣不当将引发社会恐慌与不安情绪，影响政府公信力，更有甚者将引发群体行动，成为诱发社会危机性公共事件的导火索。

传统辟谣工作是由官方媒体通过纸媒、广播、电视等展开，官方媒体是信息传播的"把关者"。而新媒体环境下的信息传播呈现出非线性、互动式的传播特点，早已不同于传统的"传播者—媒介—受众"的单向、直线性传播模式。这种交互性突出表现在，舆论传播的受众也不再是被动地接收信息，而是参与信息传播的过程中，亦成为传播的有力推动者。每个人都可以发表信息、反馈信息、表达观点，形成了新媒体环境下真正的双向沟通与互动。这意味着在新媒体环境下的舆论场域中，辟谣主体更加丰富，呈现出以官方媒体为主导、辟谣主体多元化的特点，官媒、第三方媒体、自媒体、高校或专家等都可以成为辟谣的发声者。新媒体时代下官方媒体不必"一家独大"，包揽所有辟谣工作，基于专业性、及时性、公信力的不同，官方媒体可以主动搭建辟谣平台，充分利用辟谣主体多元化的优势，变被动辟谣为主动辟谣，更广泛与深入地进行辟谣

---

① 柯贵幸、迟毓凯、王波：《非常时期网络谣言的传播机制和应对策略》，载《社会心理科学》2009 年第 1 期。

工作。

　　在以新媒体为主导的网络舆论场域中，官方媒体已经逐渐探索出了多元化的舆论引导角色，或是事件的报道者，或是贴近群众感情的同情者。官方媒体由对事件的盖棺定论者到事件发展过程的参与者，推动舆论的理性发展，从而改变了大众对于许多问题的态度。本章以官方媒体在有关医患问题的舆论引导中的角色转变为例，选取《人民日报》微博账号在民航总医院伤医事件中的角色转变为研究对象，利用网络分析工具获取相关网络舆论的文本，聚焦官方媒体在该事件中的角色与作用，以分析官方媒体如何做好多元化的角色转变，为官方媒体在多元化辟谣主体体系中做好辟谣工作，为新媒体语境下防范谣言以及更好打通舆论引导的最后一公里提供一些思考。

二、舆情生命周期概览

（一）舆情事件概览

　　2019 年 12 月 24 日，北京民航总医院发生一起患者家属伤医事件。该院急诊科副主任医师杨 × 在正常诊疗中，遭到一名患者家属的恶性伤害，致颈部严重损伤。随后各大新闻媒体都对此事进行了报道，《人民日报》等官方媒体的报道统一将此事件定义为"恶性刑事案件"，对事件发生的前因后果与后续处理措施进行了跟踪报道。事件发展过程见表 1–1。

表 1-1　民航总医院伤医事件发展过程

时间	事件描述
2019.12.04	老人患者入院治疗
2019.12.24	医生杨 × 被砍，13 小时后抢救无效死亡
2019.12.26	民航总医院请院外专家会诊，评估患者诊疗情况
2019.12.27	民航总医院举办追思会；同日，患者出院；同日，犯罪嫌疑人孙 ×× 被批捕
2019.12.28	全国人大常委会审议通过《基本医疗卫生与健康促进法》
2019.12.30	民航总医院就医生杨 × 被害一事发布通告
2020.01.04	民航局党组决定追授杨 × 同志"民航优秀共产党员"称号，全国民航工会决定追授杨 × 同志"全国民航五一劳动奖章"荣誉称号，北京市卫生健康委员会、首都卫生健康系统精神文明建设协调委员会追授杨 × 同志"首都健康卫士"特殊荣誉称号
2020.01.14	二审公开审理孙 ×× 故意杀人案，维持原判，死刑判决依法报请最高人民法院核准

在微博平台上，《人民日报》的粉丝数高达 1 亿，曝光度高，传播力强。因此，我们选择了《人民日报》的官方微博作为本研究的样本，以"杨×"为关键词搜索得到十条微博。主要内容和时间序列见表 1-2。

表 1-2 《人民日报》微博号对该事件的报道博文概况

时间	类型	内容	转发	评论	点赞
2019.12.25	事件报道	北京遇袭女医生抢救无效去世	3024	4258	30370
2019.12.25	哀悼（官方）	北京卫健委发文悼念遇袭医生，支持严惩凶手	1384	3057	16926
2019.12.28	哀悼（民间）	市民自发凭吊医生杨×，医院不断收到热心市民送来的鲜花和奶茶	5330	3818	64946
2019.12.29	一次辟谣	凌峰实地走访北京朝阳医院，证实网络上广泛传播的"杀人者家属免费医疗"的言论为谣言	2934	3727	48232
2019.12.29	哀悼	人民日报发表评论文章，对医生杨×表示哀悼，并呼吁社会各界理解、关爱医生	2603	2616	16379
2019.12.29	二次辟谣	"杀害杨×医生的凶手母亲接受免费医疗"确认为谣言，但如何保障医生安全的探讨并未停止	1905	3235	28372

时间	类型	内容	转发	评论	点赞
2019.12.30	三次辟谣	民航总医院就该事件发布通报,简要通报事发当日始末,并称"免费医疗"为不实言论	9623	15787	376330
2020.01.03	诉讼	北京检方对孙××故意杀医案提起公诉	1873	3141	36090
2020.01.04	追授	各机构追授杨×医生荣誉称号	479	1008	10037
2020.01.16	诉讼	北京三中院公开开庭审理被告人孙××故意杀人案,孙××被判死刑	2925	1624	24003

据此,利用爬虫软件"八爪鱼"得到共计 23755 条评论,按发布时间排序,分层间隔为 30 进行系统抽样,得到的样本容量为 794。对所得样本按照"支持""质疑""反对""中立"四种态度进行分类。对抽取到的无效样本,如"呵呵",或空白单元格,选择该无效样本的下一条评论作为样本分析。同时,受软件功能限制,"楼中楼"评论(即回复评论的评论)没有进入样本范围。根据博文主要内容的区别,按不同类型对以上态度进行定义。根据相应定义获得数据结果见表 1–3。

表1-3 《人民日报》博文评论态度分

情绪类型	事件报道	哀悼	辟谣	诉讼	追授荣誉
支持	77.66%	59.90%	33.23%	86.32%	26.09%
	要求严惩凶手，同情医生，对暴力行为表示愤怒	对医生受到的暴力伤害表示同情，或要求严惩凶手，为医生伸张正义	对医生表示同情，要求严惩凶手，希望公众舆论能记住这件事；对官方辟谣表示信服，造谣者其心可诛；对医院的防范护措施建议；问题出在凶手本人，与制度、医患关系等无关	对医生受到的暴力伤害表示同情，或要求严惩凶手，为医生伸正义，为凶手受到法律裁决大快人心	必须严惩凶手；对医生表示同情
质疑	5.32%	8.70%	16.58%	3.61%	43.48%
	伤医事件要次发生，为何没有相应的防范措施；事故的来龙去脉尚不明晰，希望能公布调查结果	事件经过尚不明晰，希望尽快发布调查结果；伤医事件要次发生，医院和政府应出合相应的补救措施，避免类似事件再次发生	辟谣也需要证据，希望事件要正面解释网络上流传出的单据，希望听到朝阳医院的声音	对患者伤医感到失望、寒心；或要求官方机构尽快调查并公布事件发生的来龙去脉	追授荣誉对去世的医生意义有限，能否修订法律，严格管理医闹和暴力伤医事件

情绪类型	事件报道 11.70%	哀悼 22.10%	辟谣 42.24%	诉讼 1.61%	追授荣誉 17.39%
反对	事件与医生职业无关，而在于伤人者本身的暴戾；惩罚力度不足，安保缺失是造成伤医事件的重要原因，医院领导应为此负一定责任	伤人的患者家属也是迫于无奈，或源于医疗体制度的不合理，法律制度不完善，或源于医生的失德行为，类似事件频发，医院领导、医院应为此负一定责任	医生表示失望，导致一线制度缺陷；医生护士确实态度差，医德缺失的问题也是暴力事件爆发的导火索；对院方息事宁人，掩人耳目的举动表示不满，认为此等行为会引起模仿，对医护群体造成二次伤害，要求院方为其失职负责	医生失德也应追究责任，患方付诸许有隐情力或许另有隐情	医疗制度令医生，患者备受其害；医院领导对医闹不作为，应受惩讨，医死不能复生，人死不能复生，情慨意，医生医德缺失，通患者用极端方式表达
中立	5.32% 态度不明确；与本条微博没有相关信息，如单纯罗列事情，但潜在则是表达其他事	9.30% 态度不明确；与本条微博没有相关信息，如单纯罗列事情，但潜在则是表达其他事	7.95% 态度不明确；与本条微博没有相关信息，如单纯罗列事情，但潜在则是表达其他事	8.45% 态度不明确；与本条微博没有相关信息，如单纯罗列事情，但潜在则是表达其他事	13.04% 态度不明确；与本条微博没有相关信息，如单纯罗列事情，但潜在则是表达其他事

表 1-4　事件类型与态度界定

类型	态度	占比	定义
事件报道	支持	77.66%	要求严惩凶手，同情医生，对暴力行为表示愤怒
	质疑	5.32%	伤医事件屡次发生，为何没有相应的防范措施；事件的来龙去脉尚不明晰，希望能公布调查结果
	反对	11.70%	事件与医生职业无关，而在于伤人者本身的暴戾；伤医惩罚力度不足，安保缺失是造成伤医事件的根本原因，医院领导应为此负一定责任
	中立	5.32%	态度不明确；与本条微博没有相关度的信息，如单纯罗列事情，但潜在则是表达其他事
哀悼	支持	59.90%	对医生受到的暴力伤害表示同情，或要求严惩凶手，为医生伸张正义
	质疑	8.70%	事件经过尚不明晰，希望尽快发布调查结果；伤医事件屡次发生，医院和政府应出台相应的补救措施，避免类似事件再次发生
	反对	22.10%	伤人的患者家属也是迫于无奈，或源于医疗制度的不合理、法律制度的不完善，或源于医生的失德行为；类似事件屡发，医院领导应为此负一定责任
	中立	9.30%	态度不明确；与本条微博没有相关度的信息，如单纯罗列事情，但潜在则是表达其他事
辟谣	支持	33.23%	对医生表示同情，要求严惩凶手，希望公众舆论能记住这件事；对官方辟谣表示信服，造谣者其心可诛；对医院的防范保护措施提建议；问题出在凶手本人，与制度、医患关系等无关
	质疑	16.58%	辟谣也需要证据，希望正面解释网络上流传出的单据；希望听到朝阳医院的声音

类型	态度	占比	定义
辟谣	反对	42.24%	对医生表示失望；医保制度缺陷，导致一线矛盾频发；医生、护士确实态度差，医德缺失的问题也是暴力事件爆发的导火索；对院方息事宁人、掩人耳目的举动表示不满，认为此等行为会引起模仿，对医护群体造成二次伤害，要求院方为其失职负责
	中立	7.95%	态度不明确，与本条微博没有相关度的信息，如单纯罗列事情，但潜在则是表达其他事
诉讼	支持	86.32%	对医生受到的暴力伤害表示同情，或要求严惩凶手，为医生伸张正义，认为凶手受到法律制裁大快人心
	质疑	3.61%	对患者伤医感到失望、寒心；或要求官方机构尽快调查并公布事件的来龙去脉
	反对	1.61%	医生失德也应追究责任，患方付诸暴力或许另有隐情
	中立	8.45%	态度不明确，与本条微博没有相关度的信息，如单纯罗列事情，但潜在则是表达其他事
追授荣誉	支持	26.09%	必须严惩凶手；对医生表示同情
	质疑	43.48%	追授荣誉对去世的杨医生意义有限，能否修订法律、严格管理医闹和暴力伤医事件
	反对	17.39%	医疗改革制度令医生患者备受其害；医院领导对医闹不作为，应受惩罚；虚情假意，人死不能复生；医生医德缺失，逼患者用极端方式表达
	中立	13.04%	态度不明确，与本条微博没有相关度的信息，如单纯罗列事情，但潜在则是表达其他事

由表 1-4 中的数据可知，舆论对于该事件的总体态度呈现出正向态势，以同情医生、严惩凶手为主。但是，针对事件的后续处理措施的报道，尤其是对辟谣的博文，舆论呈现出以质疑为主

的态度，表明官方媒体在该事件的报道中，辟谣者角色的作用还有一些不足，在一定程度上还未能让大众信服。

（二）舆情传播特点分析

1. 热度周期概览

根据新浪微热点提供的案例分析报告，从时间序列上来看，本次民航总医院伤医事件的热度较为集中地出现在 2019 年 12 月 27、28、29 日三天（见图 1-1），之后的两个小峰值对应法律对嫌疑人孙文斌的处理。

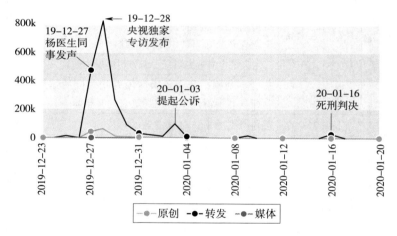

图 1-1　民航总医院伤医事件热度时间轴

在舆论关注度最高的三天，主要发生了下列重要事件：（1）微博用户 @李少雷医生发布了一则"转自杨 × 医生同事"的博文，对事情的前因后果提供了解释；（2）关于患者家属接受免费医疗的谣言持续发酵；（3）12 月 28 日，央视新闻以独家专访的形式还原了民航总医院伤医事件的全过程，在新浪微热点的微博事件分析报告中位列热门微博前十；（4）12月29日，央视新闻、《人民日报》等一众官方媒体对免费医疗的谣言发布了辟谣信息。对应选取的《人民日报》10条微博，事件热度最高的28日，《人民日报》发布了1条主题为哀悼的博文；而29日，集中发布了3条博文，包括两次辟谣和一次哀悼。

总体而言，针对民航总医院伤医事件的舆情反应较为集中，对后续事件的关注度有所下降，但仍然存在着一定的热度。

2. 相关词分析

在"新浪微热点"中，使用"全网事件分析"工具，以"杨×"和"民航总医院"为搜索关键词，得到的词云如图1-2所示。从关注热度来看，网民最关心的问题主要集中在"医生"和"医院"两个主体。其次，"患者"和"家属"也是网络舆论最经常提到的关键词。据此，本次舆情讨论的关注点较为集中，基本上契合事件本身的问题，很少有偏离主要内容的情况发生。从情感倾向来看，网络舆论涉及"残忍""凶手""难过"等对医生群体友好、对杀医者表示谴责的词语，基本符合我们对于网民对医患关系的态度的判断。

图1-2　民航总医院伤医事件热度关键词词云图

3. 舆论参与者画像

从博主的地域分布来看，参与者最多的省份并非事件发生地北京市，而是广东省。在本次事件的讨论中，微博上有大约 23 万条信息来自广东省，是北京市发出信息数的 1.34 倍。但考虑到广东省常住人口约为北京市的 5 倍，可以认为北京市仍然是对于本次事件讨论最激烈的地域之一。

根据上述思路，将新浪微热点提供的各省份发布的信息数量，按 2019 年国家统计局公布的常住人口数量标准化，所得信息人口比排名前十的省份，如表 1-5 所示；可视化后得到下示柱状图，如图 1-3 所示。由于国家统计局未公布港澳台地区的常住人口信息，故此处不将之列入比较的范围。

表 1-5　信息人口比排名前十的省份

排名	省份	信息数	人口数（万人）	信息人口比
1	北京	172577	2154	80.12
2	上海	123631	2428	50.92
3	天津	35041	1562	22.43
4	浙江	122044	5850	20.86
5	广东	231350	11521	20.08
6	江苏	151761	8070	18.81
7	福建	73870	3973	18.59
8	重庆	49246	3124	15.76
9	湖北	81995	5927	13.83
10	四川	109038	8375	13.02

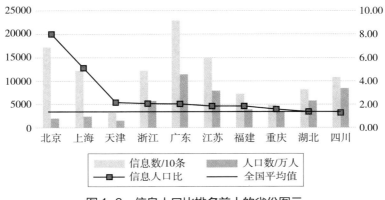

图 1-3　信息人口比排名前十的省份图示

　　根据图 1-3 可以看出，北京、上海两地的信息人口比远远高于其他省份和地区，其中北京市的信息人口比约为排名第三位的天津市的 3.57 倍，是全国平均值的 5.92 倍。对于北京市的异常值情况，考虑两方面的原因。首先，北京市是民航总医院伤医事件的发生地，本事件的核心传播用户 @李少雷医生正是杨医生同事的发言代表，杨医生身边的同事、亲友及其辐射的人群要远远高于其他省份，这些关系密切的网民也有充足的情感动力积极参与本事件的讨论。同时，考虑到排名前三的均为直辖市，排名前十的包括四个直辖市、五个来自东南沿海的经济发达省份，不排除经济发展水平对网民参与时间的影响。由于经济发展水平不同，网民对于参与网络讨论的时间分配有所不同，休闲娱乐的思维习惯也存在差异。这也是信息人口比存在巨大差异的重要因素。

　　微博用户对本事件的情感态度（见图 1-4）与本研究对网民情感态度的分析也是相符的：主要表达对杨医生的缅怀、对被害医生的同情、对凶手的谴责和愤怒。

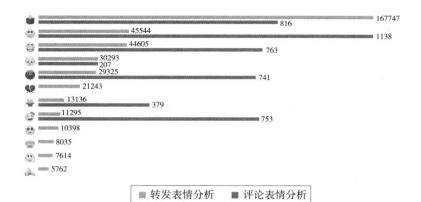

图1-4　微博情绪态度分析

三、舆情分析研究结果

（一）多元互动初见成效

《人民日报》作为传统纸媒和官方媒体，在此次事件中体现出的角色形象较以往更加多元。按发言类型看，发布了包括"事件报道""哀悼""辟谣""追授""诉讼"5种类型的博文。其中，"事件报道""哀悼"和"诉讼"三类都得到了较为正面的舆论反馈，支持评论大多超过一半，其中"诉讼"更是达到了超过90%的支持率，仅有一次在三次辟谣之间的哀悼微博，支持率略低于50%（见图1-5、图1-6）。

在与本次事件相关的所有微博中，《人民日报》评论支持比例超过半数，可见以《人民日报》为代表的官方媒体在向参与者转型的过程中，取得了阶段性的成功。传统的哀悼者形象仍然得

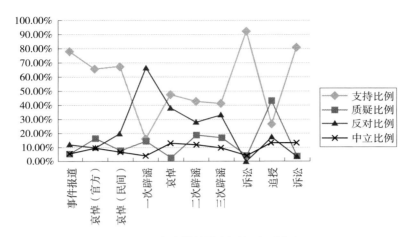

图1-5　各类情绪比例时间序列分布

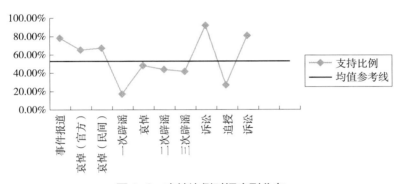

图1-6　支持比例时间序列分布

到了积极的舆论反馈，对引导舆论情绪、厘清事件重点起到了正面的作用。同时，《人民日报》也参与到事件的追踪报道、推进事实真相的调查中，与民众一同探求事件原貌。不仅如此，《人民日报》还与广大民众共同表达哀悼和缅怀，展现出亲民、接地气的形象。

（二）舆论反馈褒贬不一

然而，虽然整体表现积极，但形象细分仍然存在有待改进与优化的问题。针对此次事件《人民日报》发布的 5 种类型博文中，"辟谣"和"追授"的支持比例显著低于其他三类（见图 1-7）。

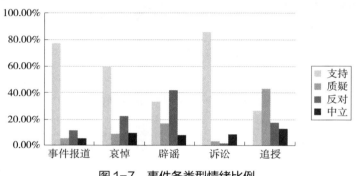

图 1-7　事件各类型情绪比例

相对"诉讼"而言，同为后续跟踪报道的"追授"类型的支持率不尽如人意。具体追踪到评论内容，面对"暴力伤医"这样的恶性事件，民众更希望得到的反馈是具体有效的举动，而非虚无缥缈的荣誉。"诉讼"的评论内容更多集中在"大快人心"的情绪表达上，而"追授"的评论内容则反映出"人死不能复生"的消极情绪，继而引发了对于医护人员安全保障措施的追问和质疑，如网友"黄埔刘老汉"坦言："太讽刺了，活着的时候没有得到重视，被杀了倒成了丰功伟业的，医护人员要的只是一份简单的人身安全，不是身后的虚名，对行凶者绳之以法，广而告之才是对医护人员最大的尊重。"还有更直白的网友，如"@我在天涯啊"表示"再多荣誉杨医生也看不到了，也醒不来了"，直接表达出民众对于医闹事件的诉求更倾向于实际的改善措施，更希望看到优秀的医生能活着享受到荣誉和福利。

（三）辟谣者形象建立，任重而道远

参照时间序列图表，三次辟谣中第一次辟谣支持率最低，之后虽略有回升，但仍有超过一半的评论者表达了支持以外的态度。可见，虽然官媒在这一事件中反应及时、积极共情，并取得了良好的舆情反馈，但在辟谣这一角色上仍然需要改进和提升。

对辟谣相关的三条博文进一步具体分析（见图1-8），发现虽然内容大体都在对"患者家属免费医疗"的不实言论发表声明，但侧重点各有不同。第一条博文是全国政协委员、著名神经外科专家凌峰在实地走访后，向民众发布的调查报告；第二条不仅重申了该言论不实，并且呼吁关注医护人员的安全问题，"不

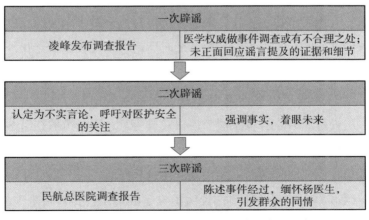

图1-8　辟谣侧重点及影响舆论反馈的主要因素

要寒了他们的心"；第三条则是事发医院北京民航总医院对此次事故的调查报告。

根据具体评论的内容可以看出，民众对于辟谣的不满情绪主要有两点：

一方面，信息公布不及时。这给谣言提供了滋生的温床，如网友"@yh要做个精致的猪猪"评论："借楼，借一个同学的话，这么多天了才出来辟谣？这个'辟谣'真伪都不一定吧，这一家子穷得到处咬人了，能自己掏钱送老太太去ICU？朝阳医院这种重患聚集地您老播一个999就有空床位等您随时拎包入住？真的怀疑，这个所谓的'辟谣'，是不是也是为了挽救你们的那点面子。"该网友既对辟谣的时间节点提出质疑，也指出辟谣提供的解释有不合理之处。

另一方面，辟谣空口无凭，也引发了公众的质疑，使得舆情倒向阴谋论的一方。例如，网友"@快乐冲浪宅"直言："医院当然不承认咯，你说没有免费治疗就没有吗，那你怎么证明？？"患者"拎包入住"的便利快捷与民众对于当前医疗资源紧张的认知产生了强烈的冲突，此时舆论环境也较为情绪化，对患者一方攻击性较强，也导致舆论氛围更为紧张。

这三条博文内容的支持率存在差异主要有以下几个因素：（1）凌峰辟谣时正群情激愤，谣言甚嚣尘上，凌峰虽然在医学领域成就卓著，但并非专业调查人员，并未对谣言中提及的重要证据做出正面回应，从而引发民众的质疑和反对；（2）第二条辟谣不仅强调事实，更关注了广大医护人员的现状，并着眼于未来，博文下的评论内容不仅关注"免费医疗"问题，也呼吁为医护人员谋福利，避免类似事件再次发生，从而提高了评论内容的支持率；（3）第三条与第二条类似，当事医院的声明也先对事件进行了简单描述，并对杨医生表示哀悼，这一举动引发了广大群众的同理心，也在一定程度上提高了支持率。

四、总结与思考

通过对民航总医院伤医事件的舆情案例分析，我们可以发现，以《人民日报》为代表的官方媒体在重大社会事件中的舆论引导角色正逐渐向多元化转变，并且取得了阶段性的成果。官方媒体不再只对事件进行盖棺定论式的报道，也不再局限于"把关人"对于言论环境的限制，而是参与到事件发展的过程中，以更加亲民的姿态，报道事件并且允许舆论表达观点，促进舆论朝着理性化的方向发展。

当然，多元化角色的转变进程并非一蹴而就。在《人民日报》微博号关于民航总医院伤医事件的系列博文中，仍然存在受到群众质疑的角色，其中以"辟谣者"这一角色尤为突出。在新媒体环境下，传播者与受众之间信息不对等的状况已经大幅减弱，官方媒体不能仅仅依靠传统"把关人"的高位权威对事件进行空口无凭的所谓辟谣。探究如何做好辟谣的角色，打通到达人心的最后一公里，是官方媒体舆论引导角色转变的重要一环。面对网络谣言，官方媒体必须有作为、善作为，主持建立辟谣平台，以官方权威作保证，在需要时，可以引入多元化的辟谣主体，如高校、专家、专业领域媒体或第三方媒体，利用大数据、云计算、人工智能等技术，形成多元化辟谣体系，监测网络谣言，对症下药。对于在舆论场域中如何更好地应对、防范网络谣言，在此提出以下几点思考与建议。

（一）转变传统管控思维，完善多元化舆论引导角色

政府相关部门应转变传统单向线性信息传播模式下的信息管控思维，对于舆论生态的治理并不意味着政府要充当居高临下的强权性角色，并不意味着塑造只允许主流思想舆论存在的舆论秩序，而应该以引导为主，以开放、亲民的姿态，以群众乐于接受的报道方式，与民众意见形成良性互动，允许多元舆论的表达，利用网络舆论了解民意，倾听群众的批评与意见，改进相关工作。

网络舆论背后是民意的表达，社会一体化取决于以沟通为取向的行为，其基础是对可能出错的有效性要求的承认[1]。因此，政府相关部门吸纳民众意见的前提是要有开放的舆论环境，针对重大社会事件与议题，应当充分利用新媒体的优势，允许公众表达观点并且给予回应。例如，2024 年 3 月 10 日发生的"河北邯郸三名初中生杀同学案"，在引起舆论广泛关注的同时，官方媒体持续跟进相关事件的报道，并结合民众质疑进行跟踪访谈，综合专家、律师、法院等各类辟谣主体进行确认，对于民众的质疑给予回应，持续更新事件调查及处理进程，使得舆论走向始终居于可控程度。舆论观点的碰撞不可避免，在信息处置中，政府相关部门要整合合理意见，对于质疑与批评敢于回应、善于回应，

---

① ［德］尤尔根·哈贝马斯：《包容他者》，曹卫东译，上海人民出版社 2002 年版，第 94 页。

主动传递理性思考，充分表达思想，正视网络舆论背后的民意表达，更好地引导舆论方向。

（二）加大信息披露力度，以科学证据击破谣言

不清晰的事件报道是谣言滋生的温床。在重大社会事件与突发事件发生的初期，官方媒体的首要任务就是公开信息，及时跟进事件，披露相关信息，保证信息透明化，以真相与数据回击谣言，避免谣言引导舆论方向，避免公信危机。以本章所选取的民航总医院伤医事件为例，在事件发生的前期，有部分质疑医生行为存在不当的声音，而官方媒体及时对事件过程进行披露，并公开细节，有力回应了这部分质疑，确立了正向的舆论方向，挺医生并支持严惩犯罪的声音成为舆论主流。但是官方媒体对于院方后续处理措施的报道却不尽如人意，对于群众的问题没有进行披露与回应，引起群众一些不满。由此可见，官方媒体应该重视群众对于真相的诉求，重视群众的知情权，化解因为信息不对称造成的猜测与谣言。

与此同时，政府有关部门应同媒体建立重大事件舆论跟踪与反馈机制，对于可能引起社会广泛关注的事件及时跟进与披露，密切关注网民情绪，及时回应负面情绪与言论。近些年来，例如疫情、地震、洪灾等重大公共事件爆发引发了多次广泛的舆论传播，民众对于某些事件的质疑不断在微博、微信等社交媒体平台上传播，甚至蔓延至传统媒体形成强大的舆情共振。[①] 因

---

① 王艺：《重大突发公共事件的微博舆情监测与引导初探》，载《贵州民族学院学报（哲学社会科学版）》2011 年第 5 期。

此，建立网络舆情监测与预警机制有利于及时发现谣言，促使政府有关部门能第一时间披露事件细节，以真相回击谣言，防范舆情失控，发挥多元化舆论引导角色的作用，从而更好地引导舆情方向。

（三）建立综合化辟谣平台，网络辟谣社会化

政府有关部门要主动联通各个辟谣数据平台之间的信息岛屿，打造聚焦网络谣言专项内容的大数据综合化平台，建立融合新媒体、传统媒体的综合辟谣机制，同时加强日常化的预防式科普宣传，利用简单易懂的语言与形式传递科普信息，培养公民识谣、辨谣的素养与能力。2022年8月以来，中央网信办举报中心聚焦人民群众关心关切的社会民生领域，组织微博、抖音、今日头条等12家平台持续开展网络辟谣标签工作，对多个领域网民反映强烈的网络谣言进行查证和标记。在此过程中，构建完整的谣言预警触发机制，通过设定关键词、划分等级、影响程度等，自动触发谣言预警，以便能够随时回击各类谣言，有效控制谣言的滋生蔓延，着力阻断谣言传播。

同时，舆论场域中的辟谣工作应重视与民间相关人士的沟通与合作，发挥其"第三方信息源"的作用，引入社会第三方辟谣主体，形成由政府主导的多元化辟谣主体。[1] 由于层级差异，民众在某些情况下可能更倾向于相信民间影响力较大的相关人士，

---

[1] 李纲、陈璟浩：《突发公共事件网络舆情研究综述》，载《图书情报知识》2014年第2期。

如大学教授、专家学者、医生、律师等在某一领域具有专业素养的人士。因此，官方媒体应重视此类专业人士的作用，利用民众对于他们的信任开展辟谣工作，从而有效打通从"事实报道"到"触发人心"的最后一公里。

第二章 重大公共事件舆论场域中官方媒体的功能发挥

一、研究主题

通常意义上，国家掌握着官方媒体，以此来宣传国家主流意识形态，这些媒体具有较强的政治性和严肃性，拥有广大的受众。在传统媒体时代，官方媒体控制着信息传播权，是新闻信息资讯的"把关人"，决定着信息的内容及流向。官方媒体发布的信息比较容易被公众接受和信服，并长期占据舆论阵地的制高点。

而在如今的自媒体时代，官媒在信息传播的过程中遇到了两大挑战。一方面，普通人既是信息的接受者，也是信息的发布者，新闻的传播模式由单向传播变成了双向传播，不受"把关人"的约束。另一方面，自媒体环境中话语权和发布权的下放使受众具备了议程自我设置的能力，官媒的议程设置权威遭遇挑战①。民众原本对于官方媒体的依赖感逐渐减弱。

因新浪微博平台网民数量众多、影响广泛，且其具有裂变式、

---

① 赵阿敏、曹桂全：《政务微博影响力评价与比较实证研究——基于因子分析和聚类分析》，载《情报杂志》2014 年第 3 期。

去中心化等新媒体传播的典型特点，受到越来越多网络用户的欢迎和青睐。故而，本章采用新浪微博平台的数据作为支撑。突发事件中的微博传播主体，不仅有直接利益相关方，知识分子、普通民众也成为声势浩大的舆论引导者和围观者，微博大V正在成为推动舆论形成与发展的重要力量。[1] 官方媒体如何代表政府在重大公共事件舆论场域中更好地发挥舆论引导的功能，是本章研究的主题。

在近年来发生的重大社会公共卫生事件的背景下，本章以中央电视台新闻中心官方微博"@央视新闻"对新冠疫情新闻的微博传播为例，分析官方媒体微博信息的发布特征和网民的关注重点，总结归纳官方媒体在自媒体时代重大社会安全事件中发挥的重要作用，以及如何在重大公共事件发生后的舆论场域中实现积极引领的功能。

二、研究设计

（一）研究对象

根据新浪全媒体影响力排行榜月榜[2]，国内目前影响力排行位居前列的官方门户有《人民日报》《环球时报》《中国新闻周刊》《三联生活周刊》等。由于官媒报道的同质化较强，本研究选取中央电视台新闻中心官方微博"@央视新闻"作为样本。

---

[1] 王国华、陈飞、曾润喜、钟声扬、杨腾飞：《重大社会安全事件的微博传播特征研究——以昆明"3·1"暴恐事件中的@人民日报新浪微博为例》，载《情报杂志》2014年第8期。

[2] 新浪网：《新浪全媒体影响力排行月榜》（2024年2月29日），http://blog.sina.com.cn/lm/bang/（访问日期：2024年4月18日）。

2012 年 11 月 1 日，"@ 央视新闻"在新浪微博正式上线，是央视重大新闻、突发事件、重点报道的首发平台，日均发布微博消息 45 条，粉丝数量达到 1 亿多人。作为国家级传统新闻媒体与社交新媒体平台结合的典型，"@ 央视新闻"拥有的公信力和可信度使其发布的信息内容，尤其是对于重大事件的报道发布，往往能取得网民的较大关注。

（二）指标设计

依据"@ 央视新闻"微博中有关新冠疫情的报道，本章设计了如表 2-1 所示的监测指标。

表 2-1　监测指标说明

指标	指标阐释	监测目的
微博内容	微博内容是指微博用户所发布的与疫情相关的微博消息的全文内容	微博内容开头会以"##"或"【】"的符号注明词条消息的主题和相关话题。微博内容、发布日期时间的完整记录反映了官媒微博的发布特征
日期	日期是指微博用户发布该条微博消息的日期	
时间	时间是指微博用户发布该条微博消息的具体时间	
微博数	微博数是指微博用户发布与疫情相关的微博的总数，包括转发微博和原创微博	微博数体现了该微博用户的信息容量和活跃程度
72 小时评论数	评论数是指其他微博用户评论微博的数量。选取 3 个自然日为控制点，旨在更加准确地考察单位时间内不同话题的舆情热度	评论数是微博用户与其他微博用户直接对话的重要表现形式，体现微博传播的深度。深度是指微博内容的纵向剖析，对于话题内涵的理解

指标	指标阐释	监测目的
72 小时点赞数	点赞数是指其他微博用户点赞微博的数量。选取 3 个自然日为控制点，旨在更加准确地考察单位时间内不同话题的舆情热度	点赞数是其他用户关注并且认同微博内容的体现，是微博用户对于微博内容态度的呈现
72 小时转发数	转发数是指其他微博用户转发微博的数量。选取 3 个自然日为控制点，旨在更加准确地考察单位时间内不同话题的舆情热度	转发数体现微博传播的广度。所谓广度，是指用户发布微博内容所形成的传播范围

为便于对每条微博内容进行统计比较，本研究尝试对内容做出概括并开展类型学划分，将内容相近的微博合并同类项。经过整合，所有微博内容共分成七大类，按类别定义每一类所涵盖的具体内容，分类及定义如表 2-2 所示。

表 2-2　微博内容分类定义

名称	定义内容
寻人启事	出现航班、班次等用以紧急寻人的通知
病情通报	通报各地患病总人数、每日新增人数、治愈人数等
防疫工作	全国各地有关防疫工作通报，包括防疫措施、病理研究、救治手段、一线实况等
防疫建议	针对普通民众的防疫建议
致敬加油	对防疫一线的工作人员致敬，给湖北人民加油
政策发布	中央有关疫情的全国性政策发布
其他负面相关	对相关责任方失职的披露和回应，对谣言的澄清，疫情相关违法犯罪通报

（三）数据监测时段

新冠疫情属于公共卫生事件，相关舆论在传播链条上持续时间较长，从首例确诊到疫情暴发再转危为安是一个相对漫长的过程。因此，在数据监测的时间跨度上，本章选取 2020 年 1 月 27 日 0 时为起始点，这时候正值大年初三，民众都已返乡过年，宅家防疫的倡议逐步落实；选取 2 月 21 日为截止点，各地都发布延迟开学、网络授课的通知，民众的心态发生变化。本章采集每天的微博内容确保其完整性，共获取到 1746 条观测数据。

为更好地研究官媒在新冠疫情事件中的发声特征，本章补充采集了从 2019 年 12 月 31 日 "@央视新闻" 发布的第一条有关疫情的微博开始，至 2020 年 1 月 26 日晚 24：00 结束的微博内容，共采集到 2263 条微博的全文内容，1745 条微博的 72 小时内评论、点赞、转发数量。

三、数据分析

（一）官媒微博内容的发布特征

为分析官方媒体微博相关内容的发布特征，本章对微博内容进行分类，并分不同时段进行统计分析。因官媒的微博内容发布有其整体性、侧重性、阶段性差异，本章还针对微博内容中其他负面相关类别的内容进行单独分析，总结官方媒体对于负面消息的发布特征，考察官媒在重大公共安全事件中赋能与解惑的表现。

1. 发布内容概述

各类微博数量占比见图 2-1 所示，其中防疫工作和病情通报的数量占比均达到 34%，两者合计占比近七成。寻人启事数量和政策发布数量占比最小，合计占比不到一成。在此次公共事件中，"@ 央视新闻"的微博内容主要是对于疫情发展情况的实时报告，以及对于社会舆论正能量的引导。

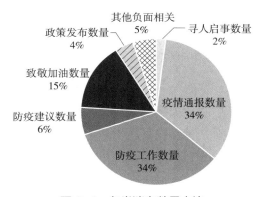

图 2-1　各类消息数量占比

2. 发布内容分阶段特征

随着客观形势的不断变化发展，"@ 央视新闻"发布的微博内容在不同的阶段也各有侧重。从 2019 年 12 月开始至 2020 年 2 月，本章将之划分为三个阶段，分别为报道审慎期、赋能增长期、平稳过渡期。官媒整体的报道风格以正面内容为主，呈现出赋能的功能凸显而辟谣解惑的作用有待加强的特征，具体数据见图 2-2 所示。

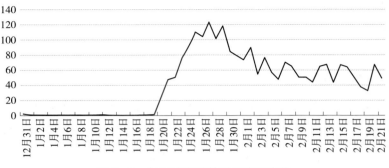

图2-2　每日消息总数时间序列变化

（1）疫情初露端倪，官媒报道审慎

"@央视新闻"第一篇有关新冠疫情的微博发布于2019年12月31日，此后至2020年1月19日每天的相关微博数量平均为1条。微博内容主要是肺炎病情通报和对于肺炎的相关研究进展。在新冠的传染性问题上，由于其时疫情的原因、发展情况等尚不明晰，"@央视新闻"对于疫情的报道态度十分审慎。

（2）疫情暴发增长，官媒赋能凸显

自2020年1月20日至1月30日，"@央视新闻"疫情相关微博数量开始爆发式增长，疫情相关的微博总量日均达85条，在1月27日达到峰值为124条。微博50%以上的内容是有关各地的病情通报，防疫工作相关的微博数量占比达到30%以上。随着形势的变化，"@央视新闻"对于疫情发展状况的及时发布满足了民众在重大公共卫生事件发生后对于真实信息的诉求，全国各地有关防疫工作的官方通报也在一定程度上消减了公众对于疫情的慌乱心理。

（3）疫情控制稳定，官媒解惑不足

从1月31日起，"@央视新闻"疫情相关微博数量逐步减少并趋于平稳，基本维持在每天60条左右。病情通报基本固定在每天上午七点至十一点，报道重点也从病情通报转移到了防疫工作上。除此之外，给疫情一线工作人员的致敬加油微博数量也在稳步上升，疏导社会情绪，维护社会秩序，引领公众积极面对疫情。其他负面相关的消息也从2月13日起有了明显的上升，但是发布数量平均每天仍不超过5条，显著低于致敬加油等板块的消息数量，见图2-3所示。不难发现，当时官媒对于一些负面消息处理的主动性尚有不足，更多时候呈现出被迫回应的特征。

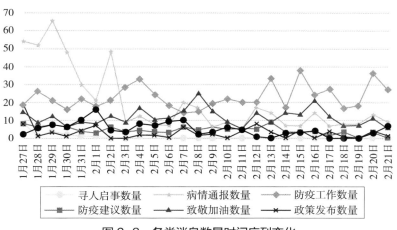

图2-3　各类消息数量时间序列变化

3.官媒发声特征总结：赋能作用强于解惑，突出正向积极的报道

在新冠疫情这起公共卫生事件中，官媒在信息发布的过程中充分发挥了赋能的作用，在疫情发展的不同阶段，有所侧重地发

布疫情相关信息。在初期，官媒侧重于已知范围内的病情通报，对于疫情的研究进行及时的跟踪报道，但由于病毒的特殊性，有效信息数量较少；在疫情暴发阶段，侧重于各地的病情通报和防疫工作安排，满足公众对疫情的知情权，同时也减少疫情造成的社会恐慌情绪；在疫情有所控制后，病情通报时间固定，防疫工作成为报道重点，还有对于一线工作者的致敬加油的正能量微博内容较好地向社会传播了积极情绪。

在此次事件中，"@央视新闻"发布的疫情相关负面消息共计125条，占全部消息数量的 5.5%，仅是致敬加油正能量引导消息数量的三分之一。由此可见，官方媒体的报道偏好是积极的消息，对于负面消息的传达有所筛选与保留。此外，本章还依据主动披露负面消息和回应解释负面消息进行分类，统计结果如表 2-3。

表 2-3　其他负面相关消息统计

类别名称	数（条）	相关话题
主动披露	58	政府官员失职通报、疫情违法犯罪通报、相关立法内容等
回应解释	67	澄清谣言等

从图 2-4 可以看出，官媒"回应解释"的数量占比较大，比"主动披露"多了近 10% 的数量，可见官媒在负面消息的披露过程中，一些功能仍需加强。同时，在主动披露的负面消息中，失职犯罪通报以新闻通告的形式严肃报道，而其他有关地域歧视、野生动物等问题都是以相对正面的方式报道的，如"主播说联播"的转发呼吁，以野生动物的口吻拟人化诉说等。

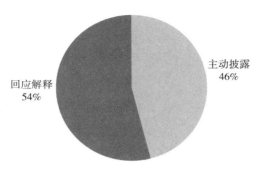

图2-4　两类负面相关消息占比

　　在涉及公众安全的事件中，不能否认官方媒体作为政府的发声平台，发挥赋能作用、稳定民心、维护社会秩序是官媒义不容辞的责任。官媒极强的政治性决定其正向引领的报道方向，也让其成为公共安全事件中给予民众坚定力量的强心针，让其能在主流价值引导、回应负面消息上成为中流砥柱。这些都是官媒区别于舆情场域中其他角色所独有的优势。尤其是在公共安全事件发生时，各路专家众说纷纭，大部分正确但也有相互矛盾之时，民众会更倾向于选择相信权威，信息旋涡现象突出，官媒权威作用凸显。

　　但是在事件的信息流中，正面和负面消息同时存在，存在大量的正面报道并不代表没有负面消息。也正是官媒自身的角色定位让其无法主动披露负面消息，对于负面消息的处理仅限于被动回应，这是官媒在整个公共安全事件舆情场域发声时所受的约束。如若官媒选择性忽略负面消息，偏向正面报道，筑起隔离负面消息的防火墙时，反而有可能助长网民大众对于墙背后负面消息的好奇心和探求欲。而自媒体时代下各方面信息的低成本获取、快速流通恰恰能满足这一点，它们会摧毁官媒在大众和负面消息之间构筑起的脆弱的防火墙，让舆情场域中其他角色（如微博大 V，知名微信公众号等）迅速占领负面消息的阵地。一旦官媒让出负面消息报道的主动权，随之而来的就是负面情绪的激增和谣言的滋生，官媒只能在舆论倒逼态势下做出被动式的回应，也需投入更多来消减因负面阵地失守而引发的一系列后果。

（二）网民关注的重点分析

本章采用"@ 央视新闻"各条微博的点赞数、评论数、转发数作为网民关注重点的参考分析指标。综合 1 月 27 日至 2 月 21 日的 1746 条微博数据，本研究从网民关注度排行和关心峰值变化的角度来对"@ 央视新闻"微博下的网民互动内容进行梳理和总结。72 小时评论数、点赞数、转发数排行榜的话题分布较为平均，但李文亮医生事件占据评论数和转发数两大排行榜榜首。

1. 三大网民关注度排行榜

根据监测数据中每条微博的 72 小时评论数、点赞数、转发数，本章进行分类别排行榜统计，得到了三大网民关注度排行榜（见表 2-4、表 2-5、表 2-6）。

表 2-4　72 小时评论数排行榜

日期	时间	相关话题	评论数
2020.02.07	13：08	国家监察委员调查组就李文亮医生事件作全面调查	150310
2020.02.06	21：47	湖北省副省长回应武汉市民网络求助	131689
2020.01.27	10：12	长镜头直播！看 # 武汉火神山雷神山医院施工现场 # 武汉街景	110795

日期	时间	相关话题	评论数
2020.01.30	18：58	中央派出督查组 黄冈疾控负责人一问三不知	102469
2020.02.01	22：46	中国红十字会总会派工作组赴湖北武汉	98740
2020.01.27	10：22	注意！安徽出现聚集性疫情	91915
2020.02.01	08：30	捐了那么多东西怎么还缺？#总台记者探访武汉红十字会#	89280
2020.02.01	13：05	转发送别，#8名警察牺牲在疫情防控一线#［泪］	72840
2020.01.27	08：49	独家！#浙江成功分离到新型冠状病毒毒株#录像画面公开	69012
2020.02.06	15：12	#云南对大理征用疫情防控物资通报批评#责令立即返还	57929

表2-5 72小时点赞数排行榜

日期	时间	相关话题	点赞数
2020.02.02	21：44	直播！#白岩松对话温州市市长#、湖南援鄂医疗队副领队	3183630
2020.02.01	13：30	直播！总台#央视记者采访武汉协和医院#	2768103
2020.02.01	22：46	中国红十字会总会派工作组赴湖北武汉	2695816
2020.02.01	08：30	捐了那么多东西怎么还缺？#总台记者探访武汉红十字会#	2242216
2020.01.03	21：38	直播！#岩松对话湖北省委副书记#	1982111
2020.02.01	13：05	转发送别，#8名警察牺牲在疫情防控一线#	1967647

日期	时间	相关话题	点赞数
2020.02.07	13：08	国家监察委员调查组就李文亮医生事件作全面调查	1959164
2020.02.01	21：41	直播！对话六位部委司局长 #岩松帮你问 #	1881575
2020.01.27	08：49	独家！#浙江成功分离到新型冠状病毒毒株 #录像画面公开	1797464
2020.02.16	20：25	突破！全国由遗体解剖获得的 #新冠病理今日送检 #	1611710

表 2-6　72 小时转发数排行榜

日期	时间	相关话题	转发数
2020.02.13	09：55	转存视频！李现教你 #如何科学节约口罩 #	881873
2020.02.13	12：44	#如何科学节约口罩 #？跟着张艺兴学起来	501601
2020.02.07	13：08	国家监察委员调查组就李文亮医生事件作全面调查	209335
2020.02.01	13：05	转发送别，#8 名警察牺牲在疫情防控一线 #	86700
2020.02.08	21：04	#央视元宵特别节目 ##你为什么感动又为什么彻夜难眠 #	79708
2020.02.09	17：28	#豆豆先生在武汉为中国加油 #	74440
2020.02.01	16：36	正直播！#总台记者探访武汉红十字会 #	73891
2020.01.30	18：58	中央派出督查组 黄冈疾控负责人一问三不知	70587
2020.02.02	21：44	直播！#白岩松对话温州市市长 #、湖南援鄂医疗队副领队	63744
2020.02.02	10：55	希望 2020 快好起来吧！我们在一起！一起战疫	63029

从表 2-4 评论数排行榜前十名的微博话题中，本章发现其中 6 条是针对疫情谣言、相关热门事件所做出的官方回应。2 月 7 日李文亮医生事件的微博仅短短 49 字，但评论数量居于榜首；黄冈疾控负责人、湖北红十字会相关内容也列于其中。由此可见，在重大公共卫生事件发生时，网络舆论较为关心这期间相关工作人员不公平待遇、负责人失职等话题，官媒对于这些话题给出的回应也让网络舆论有更大的发声倾向。

从表 2-5 点赞数排行榜前十名的微博话题中，本研究发现其中 4 条内容是直播的链接，三条是白岩松与一线领导干部、工作人员的对话，一条是医院的实况直播。"@ 央视新闻"作为官方媒体对于战"疫"一线的实况报道让社会大众看到他们所无法触及的事件现场，因此点赞数的排名较高。

从表 2-6 转发数排行榜前十名的微博话题中，本章发现前两名都是防疫意见的相关内容，十条中有三条与公众人物有关。这说明"@ 央视新闻"邀请知名人物录制防疫建议视频的举措充分发挥了明星效应，在很大程度上提高了大众转发量、关注度。十条中有四条是致敬一线和为一线加油的正能量微博，这体现了网民倾向于传播内容积极向上的微博。

2. 网民关心指数峰值变化

由于微博评论、点赞、转发的曝光成本不同，点赞的曝光成本最低，因而本章根据 4 ：2 ：4 的比例折算了每一条微博的网民关心指数（参考表 2-7）。从网民关心指数最大值的类别变化来看，从 1 月 27 日至 2 月 16 日网民最为关心的内容集中在防疫工作、病情通报和政策发布，从 2 月 17 日至 2 月 20 日连续四天集中在致敬加油的微博。这样的关注点变化与 2 月 16 日国家卫健委称全国各地疫情防控效果已显现相照应，疫情防控效果显现，疫情有所控制，大众舆论情绪稳定，对疫情控制更有信心，转而更加关注于对一线工作人员的致敬和鼓励。

表 2-7　网民关心指数峰值类别变化

日期	2020/1/27	2020/1/28	2020/1/29	2020/1/30	2020/1/31	2020/2/1	2020/2/2
类别	防疫工作	防疫工作	病情通报	防疫工作	防疫工作	防疫工作	防疫工作
日期	2020/2/3	2020/2/4	2020/2/5	2020/2/6	2020/2/7	2020/2/8	2020/2/9
类别	防疫工作	病情通报	病情通报	防疫工作	政策发布	政策发布	病情通报
日期	2020/2/10	2020/2/11	2020/2/12	2020/2/13	2020/2/14	2020/2/15	2020/2/16
类别	防疫工作	防疫工作	致敬加油	防疫建议	病情通报	政策发布	防疫工作
日期	2020/2/17	2020/2/18	2020/2/19	2020/2/20	2020/2/21		
类别	致敬加油	致敬加油	致敬加油	致敬加油	防疫工作		

综合上述分析，在此次事件发生期间，由于曝光成本不同，评论、点赞、转发所反映的大众关注点也有各自特征，在疫情发展的不同阶段，网民的关注点也有所变化。评论、点赞、转发数量最多的微博中，对于疫情负面消息的官方回应是大众网民最为关心的焦点。因此，在媒体话语场域中，对引起较大影响的公共舆论事件，社会意见往往会关注其负面报道，相关话题讨论主要集中在事件的责任主体、官方回应、处理效率、处理结果等。疫情期间相关负责人办事不力、一线医生不公待遇等负面被曝光，舆论环境谣言四起，网民需要"@ 央视新闻"这样的官方媒体来

给出一个真实合理的说法。同时，让知名公众人物参与防疫宣传等举措，也使网民的关注度大幅提升。

四、总结与思考

通过对官媒"@央视新闻"微博对重大公共安全事件传播的分析，本章发现，在自媒体时代官方媒体在重大社会安全事件传播中发挥了重要作用，在舆论场域中实现了积极引领的功能。在重大公共事件发生后的较短时间内，主流媒体如何更好地发挥网络舆论的引导作用，并为相关问题的解决注入舆论的正向心理，从而避免舆论的极化，甚至主流媒体在网络舆论场域中的失声，是接下来需要思考的问题。今后，需要官媒在重大公共事件发生后的短期内更好地主动介入舆论场，积极回应网民群体的关注点。

（一）公共事件舆论场域需要官媒积极赋能

在此次公共卫生事件中，以"@央视新闻"微博为代表的官方媒体每天 24 小时滚动报道病情通报、防疫工作等疫情相关消息，平均每条微博内容阅读量超过 3 万次。同时在微信公众号阅读量 10w+ 的推送文章中，以《人民日报》、澎湃新闻为代表的官媒推送文章数量占比达到三分之一。官媒利用微博、微信等用户众多的自媒体平台充分发挥赋能作用，在疫情不同阶段有所侧重地发布消息，及时通报病情，传达政府相关决策部署，减少了民众的恐慌情绪，引导民众积极面对疫情。官媒充分发挥其赋能优势，成为整个公共安全事件中正向价值引领的中流砥柱。

官媒成为公共安全事件中给予民众坚定力量的强心针，在赋能作用上有着极强的优势，这是官媒区别于舆论场域中其他角色所独有的发声优势。因此，在同质化正能量消息"轰炸"的同时，官媒可以发挥差异性赋能作用。正如本次新冠疫情事件中，"@人民日报"全媒体行动开启新冠疫情求助通道，从2月5日至2月21日官微救助通道累计转发量超过1400万次；国务院办公厅客户端发布"通信大数据行程卡"，在线征集疫情防控线索；"央视频"作为中央广播电视总台推出的综合性视听新媒体旗舰平台，疫情期间用户数量飞速增长，总量过亿。不同类型的官媒在公共安全事件中针对不同的现实需求进行针对性的重点布局，形成合作互补式矩阵，使得官媒正向引领的作用充分发挥。

（二）官媒要在信息旋涡中突出权威优势

在信息漩涡出现时，官方媒体应当发挥自身权威性的特质，不仅仅要对事件本身进行正面引导，对于事件中的各种负面消息也要及时应对处理。

对负面信息的回避和被动应对，会影响官媒在重大公共安全事件中的公信力和作用发挥。涉及公共安全事件时，负面消息通常由舆论话语场中其他角色先行发声，事件快速发酵，网民负面情绪迅速增长。尤其在重大公共安全事件发生时，政府公信力会对控制舆论起到至关重要的作用。由于公共安全事件的突发性、未知性，各路专家众说纷纭，若有观点相互矛盾之时，民众会陷入信息爆炸的迷惑、不安之中，难辨纷杂信息的真假，信息旋涡现象突出。如果此时政府的舆情回应还处于"宏观叙事"模式，缺乏精准性，那么群体性负面情绪宣泄将难以避免。因此，官媒的报道应该坚持客观、公正的原则，履行新闻媒体的职责和义务。尤其是在报道重大公共安全事件时，官媒应该进行充分的调查和核实，确保所报道的信息具有权威性和可靠性；在网民无法辨明真相时，官媒也要积极作为，及时发布确切、真实的消息，澄清谣言，稳定民心；在相关责任主体的工作出现漏洞时，也要及时通报，告知群众处理结果和问题解决的办法，以平息网民负面情绪。此外，官媒还可以与权威机构、专家学者等建立合作伙伴关系，获取权威信息和意见，增强报道的权威性。尤其在报道重大公共安全事件时，官媒可以邀请相关领域的专家进行评论和解读，提供科学、专业的观点。同时，要注重提供教育性和启发性的内容，通过深入的报道和分析，向公众传递有价值的知识和信息。此外，官媒应该尊重公众的知情权和参与权，加强对公众意见的征集和反馈，实现媒体与公众的良性互动。实践这些基本的处理原则与措施，可以使官媒逐步加强自身的权威形象，增强民众的信任和认可。

（三）官媒及时回应网民关注问题

大众对于公共卫生安全事件的负面消息的关注度非常高。自媒体时代，新闻受众自我议程设置本就给官方媒体在社会安全事件舆论场域的功能发挥带来新的挑战，如果"把关人"缺位会使得官媒所面临的挑战更加严峻。

通过一些措施，官媒可以更好地回应网民关注的问题，与网民建立良好的互动和沟通。首先，官媒可以组建专门的社交媒体团队，负责监测和回应网民在社交媒体上提出的问题和关注点，这一团队应该具备良好的沟通技巧和专业知识，能够迅速抓住网民关注的重点，并做出恰当的回应。其次，在官媒平台设置专门的渠道或标签，方便网民提问和留言，以便更好地收集和回应网民的关注问题；建立与公众的互动机制，倾听公众的声音和意见，回应公众的关切和问题，通过社交媒体等渠道与公众进行互动，回答问题、解释报道、澄清误解等。再者，当网民在社交媒体上提出问题时，官媒应该尽快简洁明了地回应，清晰表达观点和解答问题，表达对网民的关注和回应的诚意，同时避免引起更多疑虑或争议。最后，官媒在回应网民问题时，还应该坚持透明和开放的原则，提供充分的信息和解释，如果问题涉及敏感或复杂的情况，官媒可以说明限制和难点，并承诺将继续关注和提供相关信息。此外，官媒在回应问题时，如果发现有错误或遗漏，应该及时修正并向网民致歉，展示出勇于纠错的态度，同时可以通过社交媒体或其他适当的渠道，向网民说明修正的原因和过程。

（四）利用官媒优势精准掌握舆论诉求

在新冠疫情防控期间，民众对于一线情况缺少准确的了解途径，官方媒体的实况报道恰能满足大众需求，对于一线情况的报道也能消除大众因未知而产生的恐慌心理和爆发谣言危机的可能性。因此，充分了解社会大众对于公共安全事件信息的诉求是官媒更有效发布信息的关键。

首先，官媒通常拥有丰富的新闻资源和专业的记者团队，官媒可以通过深入调查和采访，挖掘公众关心的问题，并以专业的角度报道和解读，从而更准确地掌握舆论诉求。综合以往研究和舆论分析，网民关注的公共舆情事件的热点话题集中于收入分配、反腐倡廉、教育改革、行政规范、医疗卫生、养老制度、住房保障、三农问题、环境保护、户籍改革等。官方媒体可以利用自身优势，对于公共事件中公众无法触及的事件维度，以独家渠道、独特视角给公众呈现独家资料。其次，公共事件的不同阶段，社会大众对于信息的关注点会有所变化，官方媒体应根据变化趋势及时调整。官媒可以提高大数据分析的能力并利用舆情分析工具，对公众的讨论和互动进行数据挖掘和趋势分析，通过分析热点话题、关键词等，可以更准确地把握舆论诉求的变化和趋势。最后，为更好地理解公众的内心诉求和情绪体验，官媒可以尝试深度访谈和个案研究，并形成研究报告，与一些具有代表性的个体或者特定受众群体进行深入交流，了解不同群体在重大公共安全事件中的心理过程、情绪倾向和关注需求，以便今后如若发生重大公共安全事件时，能够在应对舆情危机的最佳黄金时间内提供更加具有针对性的舆论引导。

第三章　第三方科普账号助力提升网民科学素养

一、研究主题

　　科普是什么？科普是一种利用各种媒介，以通俗易懂的表达方式向普通大众普及科学技术知识，倡导科学方法、传播科学思想、弘扬科学精神的活动。[①] 由此来看，科普属于传播学范畴并不为过——它既要求传播者拥有跨学科的能力和熟练且恰当的传播技巧，也需要接收者具有一定的知识储备和主动性，愿意追求更高层次的知识。两方和谐契合，方能产生良好的科普效果与反馈。成功的科普是创作者与观看者的精神共鸣，甚至能够起到让接受者自愿推广的效果。相关数据显示，2023 年我国公民具备科学素质的比例是 14.14%，较 2022 年的 12.93% 有所提升，但仍然面临着公民科学素质薄弱、发展不均衡等问题。公民具备科学素质是指崇尚科学精神，树立科学思想，掌握基本科学方法，

[①] 国家法律法规数据库：《中华人民共和国科学技术普及法》（2002 年 6 月 29 日），https://flk.npc.gov.cn/detail2.html?MmM5MDlmZGQ2NzhiZjE3OTAxNjc4YmY2MTQ5MTAyYTM（访问日期：2024 年 4 月 25 日）。

了解必要科技知识，并具有应用其分析判断事物和解决实际问题的能力。① 随着《全民科学素质行动规划纲要（2021–2035年）》等政策文件出台，科普的重要性达到新的高度。

然而，我国的科普事业发展却并不尽如人意。杨振宁曾在纪念《自然辩证法通讯》创刊40周年的活动上，提出过国内科学事业的两大不足，其中之一就是科普——"我没有看到过一本，用中文写的、中学生、大学生和一般知识分子能看懂的、通俗地介绍原子弹在世界各个国家发展过程的书，我觉得这是一个历史上非常重要的事情，可是没有这样的书。"但事实上，我国官方机构一直在努力进行科普工作，但是由于一些因素，写作者有时无法放开手脚，无法用有趣随和的语言进行科普，不能达到高效的科普效果。进入数字时代，第三方科普账号的出现，一定程度上弥补了这方面的不足。在各类网络平台中，科普类账号如雨后春笋般涌出，但是其传播内容却往往出现劣币驱逐良币的情况，严肃正经的科普内容阅读量大多寥寥无几，一些经不起推敲的内容却动辄阅读量10万+。究其原因，根本还是因为第三方科普账号需要对流量进行变现才能够持续进行下去，科普终究只是其赚钱的手段，而非目的。但在当下，社会环境对知识付费愈发理解、平台也愿意提供大量支持，科普作者的流量变现压力日益减小，能够不必为了流量、热度而改变自己的创作方向，而是将注意力放在科普内容本身。这就为科普事业的发展奠定了良好的

---

① 国家统计局：《中华人民共和国2023年国民经济和社会发展统计公报》（2024年2月28日），https://www.stats.gov.cn/sj/zxfb/202402/t20240228_1947915.html（访问日期：2024年4月25日）。

基础。

习近平总书记强调："文明是现代化国家的显著标志，要把提高社会文明程度作为建设社会主义文化强国的重大任务。"[1] 网络文化具有开放、自由、多元的特点，加强网络文明建设是新时代社会文明建设的重要内容。当前已进入平台化社会，以数字技术为支撑的网络社交平台吸引了大量用户，建构了新的群体连接方式，塑造着人们关于资源分配的新型想象。国家互联网信息办公室 2019 年发布的《网络信息内容生态治理规定》，对网络内容的生产制作、服务平台等提出了相关要求，从对不良内容的条例性管控转变为以正面价值输出为主的内容建设，明确了互联网内容治理应"立足互联网内容建设"，并以此构建多元主体共建共治共享的发展格局。[2] 内容优良的第三方科普账号作为权威人士，通俗易懂地讲清真相，广泛传播事实，最大限度地开展辟谣工作，是戳破谎言的重要力量，也是舆情治理的重要形式。

二、研究设计

本章尝试给出第三方科普账号的操作定义，并制定案例选取标准，通过分析案例的舆情要素，在内容分析法的大框架下，

---

[1] 中国政府网:《习近平:在教育文化卫生体育领域专家代表座谈会上的讲话》（2020 年 9 月 22 日），https://www.gov.cn/xinwen/2020-09/22/content_5546157.html（访问日期：2024 年 4 月 27 日）。

[2] 中国网信网:《网络信息内容生态治理规定》（2019 年 12 月 20 日），https://www.cac.gov.cn/2019-12/20/c_1578375159509309.html（访问日期：2024 年 4 月 27 日）。

综合运用情感分析、态度分析和语义识别等舆情分析方式展开研究。

（一）核心概念界定

本章中的第三方科普账号，主要是指借助互联网的蓬勃发展，以非官方的、民间的、自发的身份，凭借内容制作者的专业素养，通过深入浅出的模型、平易近人的语态和故事化的叙事策略，消解科学传播的严肃性和高门槛，达到一定科普效果的自媒体账号。

相比于传统的官方科普路径，新兴的第三方科普账号具有以下三点天然优势：一是账号主体拥趸多，自带流量，受众基数大，覆盖区域广；二是内容生产高速度、高效率，部分第三方科普账号对热点事件甚至可以做到"1小时内解构并重构化输出"；三是内容表现形式更具多元性，受众接受度更高，相比较于传统或者官媒的科普方式，如电视广播和报纸头条，第三方科普平台的表现形式多元性明显更高，例如知乎、微信公众号等第三方科普平台的科普行为主要以文字的方式开展并转载、传播，而bilibili（以下简称"B站"）、抖音等第三方科普平台的科普行为则多以动画、视频的方式传播。近年来，活跃用户较多、影响力较大的第三方科普账号主要活跃于腾讯微信公众号、以B站为代表的视频平台和以新浪微博为代表的多媒体互动平台等。

（二）研究案例选取

本章选取案例的标准主要有三点：一是具有相当的热度，用户日均观看、点赞、评论和其他互动形式的次数（累计计算）应大于

10000 次；二是案例所依托的账号需符合上文中第三方科普账号的定义；三是案例应紧密围绕科普展开，最好在案例发生前后有官媒的对比发声，从而作为对照变量，更好地衡量案例的舆情反响。

鉴于此，本章选择下述三个不同专业领域的典型科普舆情案例，分别为"毕导 THU 携手央视""丁香医生携手国家药监局""罗翔开展普法公开课"事件，通过对舆情走势、引起讨论的规模、衍生观点的传播等方面的分析，总结归纳网络信息内容服务平台采用何种策略才能更好地提升网民群体的网络综合素养。

（三）研究方法

针对上述三个案例，本章利用爬虫软件和"新浪微舆情"舆情监测工具，抓取包括但不限于下述指标：案例热度指标（评论、转发、点赞、收藏、播放量等）和案例内容分析指标（语义分析、高频词汇词云分析、单句情感分析等）。通过横向对比类似案例在不同账号的流量和舆情反馈，系统分析第三方科普账号的作用与意义。

三、案例分析

（一）毕导 THU：诙谐接地气的绝佳"官媒伴侣"

1. 案例白描：航空航天和团课学习同样可以成为流量网红

毕导，本名毕啸天，清华大学化工系博士毕业，因曾担任本科带班辅导员而被广泛称为"毕导"。2017 年春节期间，毕导个人账号"毕导THU"文章《微信红包先抢和后抢差距居然这么大》走红网络，该文通过数学理论推导抢红包的攻略，同时用统计学进行一系列抢红包的实验，获得了10万+的点击量。

"毕导THU"擅长在微博、微信以及B站上传播各种生活中的奇思妙想。该账号推出的文案具有专业性与知识性并重的特色，"用科学知识来写有趣的内容"的风格吸引了大量的关注，同时让观众感觉到"原来数学建模/统计还能这么玩"。经过长时间的科普后，"毕导THU"也引起了官方机构的注意，并多次受到邀请参与节目的制作，其中最为知名的，是央视直播的长征五号B运载火箭发射和共青团中央录制的青年大学习。"毕导THU"作为第三方账号，在利用官方账号大流量优势的同时，通过自己幽默风趣的风格助力官媒，起到了最大化宣传和最接地气科普的效果。

2. 案例舆情数据概览："毕导化"后，同样内容热度增三倍

2020年5月5日，长征五号B运载火箭发射升空，由于该火箭具备重大商业和战略意义，因此受到了广泛的关注。相较于以往邀请航天方面的专家做客直播间，央视这次邀请毕导作为直播的嘉宾，创新化的合作模式确实达到了节目组预期，"毕导化"后的节目，口碑和流量取得了双丰收。

央视在多平台直播，为方便横向比较，本章选取微博平台数据。如表3-1所示，截至2020年8月1日，新浪微博账号"@央视新闻"发布的与长征五号B运载火箭发射相关的两条微博，合计获得近15万的点赞和2.4万余条评论，同时数据显示，活动当天直播间的播放量高达719万。考虑到新浪微博的年活跃用

户在 2016 年以来并无显著变化，因此横向比较与本次事件性质相同的 2017 年长征五号遥二火箭发射，彼时的"@央视新闻"发布的直播共获得约 4.5 万的点赞量和 2.8 万余条评论，同时数据显示，直播间的播放量仅为 223 万。

评论区的热门评论同样也反映出毕导所带来的热度——在 2020 年火箭发射直播的热门评论中，排名十的评论有三条包含关于毕导的内容，同时单条评论下叠加了近千的点赞量。

表 3-1　2017 年与 2020 年长征运载火箭发射直播数据对比

年份	点赞数	评论数	播放量
2017 年	4.5 万	2.8 万	223 万
2020 年	15 万	2.4 万	719 万

表 3-2　"毕导 THU"和"央视新闻"b 站平台火箭发射回放视频数据对比

UP 主	粉丝数	点赞数	弹幕数	播放量
毕导 THU	264.4 万	16.4 万	2.6 万	130 万
央视新闻	432.8 万	5.4 万	5538	54.6 万

火箭成功发射后，"毕导 THU"在 2020 年 5 月 20 日于 B 站上传了视频《属于理工男的浪漫，和你一起鉴赏一次火箭发射》，视频详尽解释了火箭发射的原理，收获了 130.4 万播放量以及 2.6 万的弹幕，高出了同平台"央视新闻"账号关于长征五号的精彩回放视频数据，而"毕导 THU"的粉丝量仅为"央视新闻"粉丝量的一半。相较于官方平台的新闻报道式科普，"毕导 THU"的这类更个性化的科普方式，成效更好、口碑更广。

青年大学习，是共青团中央组织广大青年深入学习党的思想和精神的活动。每周一期网上团课，青年们会按时观看并回答问题，在青年群体中有广泛的群众基础。共青团中央在2020年6月的一期青年大学习中，邀请"毕导THU"来讲解中国的抗疫成果。由于青年大学习的后台数据无法获取，并且所有同学都需要完成视频的观看，因此通过"毕导THU"发布的动态进行分析较为合理。"毕导THU"总计在B站发表了3个有关于青年大学习的动态，在微信公众号发表了《有些人表面上是青年大学习的主持人，背地里却在B站教人压水花……》，介绍这次青年大学习背后的故事。在B站更新的3条动态，都得到了极高的关注度，点赞数量都超过了1万次，同时也有历史最高的3.9万次以及第二高的2.8万次点赞。

考虑到青年大学习相对硬性的观看任务以及相对官方的宣传文案，其经过"毕导THU"的主持演绎后逆势上扬，能够获得如此的传播效果着实不易。根据"毕导THU"后续在微信公众号的推送内容，在青年大学习上线的时段，账号每天会收到几千条私信，成为B站涨粉第一多的UP主。"毕导THU"和共青团中央的这一次合作，切实有效地提高了青少年对于有趣的科普账号的关注度。

（二）丁香医生：专业化账号的科普对网民负面情绪的缓解和释放卓有成效

1. 案例白描：丁香医生介入医保局的官方回应

2014年，丁香医生创立，最初意在解决医患信息不对等的问题，为民众提供可靠的、可信赖的医学科普知识信源。目前该账号拥有丁香医生、丁香生活研究所、偶尔治愈等子品牌。内容方面，丁香医生账号遵循科学的原则和开放的态度，传递有知识、有温度、有态度的内容。

2020 年 7 月，湖南怀化的一名男童患有脊髓性肌萎缩疾病（以下简称"SMA"），经过诺西那生钠治疗后，情况有所好转。但根据儿童母亲的讲述，药物治疗费用高昂，诺西那生钠高达 70 万元一针。"只要孩子活着，就得用药，要不然就会退化到之前的那个状态。"看到网上孩子母亲的求药信息后，一位女士向国家药品监督管理局提交信息公开申请，要求公开 SMA 疾病药物的采购方式和国内定价依据，并发布微博描述事情经过，此举一时间引发众多网民的关注和热议。

8 月 5 日，国家医保局信访办工作人员在接受记者采访时表示，诺西那生钠注射液尚未纳入医保，由药企自行定价，所以该药在每个国家的价格并不一致，又因为目前该药物的销售在国内被垄断，价格一直居高不下。医保局的回应经媒体报道后，又在微博平台引发新的议论，相关话题一度冲上当日热搜，阅读量高达 5 亿次，讨论数也达到 1.7 万之多，网民评论大多为辱骂和表达不解。

面对网民"义愤填膺"的指责，药监局和医保局双双"失声"，而"@丁香医生"迅速跟进，于事发后一天（8 月 6 日）及时发布有针对性的回应微博，直言"罕见病"和"孤儿药"问题并非我国独有，如何促进药企研发"孤儿药"，同时降低患者的付费压力，仍然需要长期的探索；并条理清晰、有理有据地列举国内外同类事件和解决方法，及时地安抚了民众的负面情绪。

2. 对象选取和研究设计

在这一舆情事件的相关讨论中，从情绪上看，广大网民除了表达对家庭悲剧的惋惜与无奈，也有不少网民产生"奸商论""医保无用"等负面情绪；从内容上看，网民们对现行医保的争议与争吵，也暴露出医保执行、药品研发等相关领域常识的缺失。本章选取"@丁香医生"微博账号于2020年8月7日14：05在话题"#患儿家属谈70万天价药#"下的科普中点赞量较高的321条微博评论，综合对比"@中国新闻周刊"微博账号于2020年8月6日12：25在话题"#医保局回应一针药卖70万#"下的报道点赞量较高的493条评论，通过网民评论的情绪转变来论述以"@丁香医生"为代表的第三方科普账号在新时代互联网舆论环境构建中的重要意义。

为了便于对每条评论内容进行统计比较，本章尝试对内容做出概括并按类型划分，将内容相近的评论进行合并。经过整合，所有评论内容共分成三大类，按类别定义每一类所涵盖的具体内容，分类及定义见表3–3所示。

表3–3　微博评论内容分类定义

序号	名称	定义内容	代表微博范本
1	消极情绪	奸商论、政企勾结论等情绪	@愤怒的肩椎"简单地说，药不值钱，值钱的是生产的专利技术，药企才不会管病人的死活"
2	中立情绪	对现状表示无奈、惋惜等情绪，或者对事件细节仍有疑惑	@WiNevermore"我要是摊上这病只能自我放弃了"

序号	名称	定义内容	代表微博范本
3	积极情绪	科普这类遗传病的防范、检测等知识，解释现行医保制度的纰漏等内容	@喜欢果汁的小圆"我国文献报道的育龄妇女 SMA 基因携带者概率约在 2% 左右，大概每 50 个人中就有一个携带者，这是一个常染色体隐性遗传病，夫妻双方都是携带者的话有四分之一概率生出一个 SMA 小孩，我们现在开始在临床上慢慢推 SMA 基因孕前筛查了，希望大家都能慢慢了解和重视这个疾病，遗传性疾病在孕前干预效率最高"

3. 网民情绪分析与第三方平台作用分析

对比"@中国新闻周刊"和"@丁香医生"两个账号评论情绪，如图 3-1、图 3-2 所示，在医保局回应被报道后，"@中国新闻周刊"账号评论中"奸商论""抨击现行医保制度"等消极情绪的言论仍占主导，高达 40.91%，但在"@丁香医生"微博

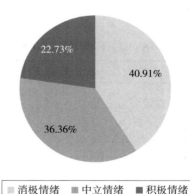

图 3-1 "@中国新闻周刊"官方微博网民情绪监测

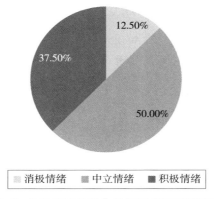

12.50%

37.50%

50.00%

消极情绪　■中立情绪　■积极情绪

图 3-2 "@丁香医生"微博平台网民情绪监测

下，消极情绪仅为 12.50%。此外，两个账号中立情绪对比也较为明显，"@丁香医生"科普微博的评论中中立情绪达到半数。

在"@中国新闻周刊"等官媒的报道中，相对简洁的叙事方式常常会引发网民的揣测。考虑到微博用户知识结构的差异，没有依据的论断和争吵在所难免，因此需要有一些具备公众影响力的发声端口向公众普及一些与舆情事件相关的知识。"@丁香医生"在微博平台首先普及药品纳入医保的流程和税收逻辑，然后介绍遗传类医药研发和攻关的困难，两段文字并没有长篇累牍地解释说明，而是言简意赅地指出问题的症结，文风干练、重点突出，一定程度压缩了公众无端揣测的空间。

由于缺乏基本常识，部分受众的语言或多或少带有情绪输出和刻板印象。而当受众了解事件相关领域的基本常识后，理性且有深度的讨论便能够顺利展开，同时"惋惜、无奈"等中立情绪的占比上升也就顺理成章。更为重要的是，数据监测显示，因为微博的转载机制，"@丁香医生"在其微博中链接了"@中国新闻周刊"的微博，引流效应明显。本章随机抽取了 8 月 6 日 "@中国新闻周刊"的评论留言和 8 月 8 日以后的 "@中国新闻周刊"的评论留言各 20 条。结果显示，8 月 6 日 20 条评论中消极情绪内容为 17 条，经过 "@丁香医生"的科普引流，8 月 8 日 20 条评论中消极情绪内容为 10 条，且积极情绪内容中有 4 条直接引用丁香医生的科普内容。可见第三方科普账号对网民消极情绪的缓解和释放卓有成效。

（三）罗翔说刑法：专业化学者的运营深化科普受众的讨论内涵

1. 案例白描：罗翔入驻 B 站开展刑法知识普及公益讲座

罗翔，中国政法大学刑事司法学院教授，曾多次以咨询专家的身份参与央视节目《今日说法》。罗翔老师课堂内容干货满满、讲课方式深入浅出、教学风格生动幽默，课堂常常爆满，颇受好评。2019 年，"厚大教育"录制的罗翔刑法课程在 B 站成功出圈，点击量突破 350 万。很快，这些教学片段被网友通过剪辑、合成等方式进行二次创作，吸引了许多法考、法学领域以外的观众观看，使得更多人受益。在万众期待下，2020 年，罗翔开通了 B 站个人账户，凭借热度存量快速吸粉，仅一天其粉丝数已达 60 万，两天超过一百万，一度打破 B 站账号涨粉记录。面向全平台用户，罗翔的传播内容也不再局限于刑法课堂教学，而是包括司法类时事评论、争议性案件与法条的分析、人生哲学思考与感悟，甚至是生活美食等，内容更加普适化。罗翔老师过硬的内容输出能力和优秀的视频内容，为其持续吸引粉丝。截至 2024 年 6 月，"@ 罗翔说刑法"B 站账号的粉丝数已超过 3100 万，累计播放量超过 9.1 亿，而视频投稿数不到 500 个，其影响力之大可见一斑。

2. 对象选取和研究设计

为了更好地量化测量罗翔这一第三方账号科普案例在舆情场域影响的程度，本章尝试从视频内容价值和评论文本价值两个指标入手，进行数据采集和评估。视频内容价值指标包括视频的"收藏 / 播放"和视频主题；评论文本价值指标包括点赞数、B 站自动推荐的热门评论的内容分析。

表 3-4　案例数据监测指标设计

序号	测量指标	指标内容	监测意义
1	视频内容价值	视频的"收藏 / 播放"	单纯选择播放量时，数据存在失真的可能，会有网站活动等外界干扰，确定一定的播放量作为选择底线后，"收藏 / 播放"能够较好地衡量作品的质量
		视频主题是否紧密围绕科普展开	
2	评论文本价值	点赞数	点赞数衡量评论热度，内容分析衡量评论的情绪、关注点
		系统自动推荐的热门评论的内容分析	

选择"收藏 / 播放"作为分析指标，一方面是因为 B 站本身的收藏机制是视频具备反复观看价值的一种体现，收藏量高即反复观看价值高，一定程度上表现出受众对内容的重视程度和内容本身的持续性传播价值；另一方面，将播放量作为分母是因为播

放量存在外在的干扰因素，如网站活动的热度推送、联合投稿的粉丝叠加以及选题的热点程度等。因此，在罗翔视频投稿水平较为平均以及相近的收藏量级下，更低的播放量意味着视频题材更为严肃，受众的选择标准更为严格。

除了对视频内容本身进行分析，本章也将收集"收藏/播放"较高的作品作为抽样框，选取平台自动推荐阅读的点赞数较多的评论，通过系统抽样的方式，抓取若干受众接受度高的观点集合，将这些热评的内容、字数、点赞数通过表格呈现。

3. 网民关注点分析与第三方平台作用分析

如表 3-5 所示，截至 2020 年 8 月 21 日，B 站账号"@罗翔说刑法"所投视频稿件"收藏/播放"前十位中，高居榜首的是《我们为什么要读书》，排在第二名的是《羁押 26 年张玉环改判无罪，之前的刑讯逼供还能追诉吗？》，显著高于其他作品。这两期视频的主题内容和"罗翔说刑法"作为第三方科普平台的两大作用得到了体现——知识普及和思维提升。

表 3-5　罗翔说刑法"收藏/播放"前十名

视频主题	收藏/播放
《我们为什么要读书》	5.4%
《羁押 26 年张玉环改判无罪，之前的刑讯逼供还能追诉吗？》	3.7%
《细数柯南中黑衣组织五大罪行》	2.7%
《我们到底为什么要做一个诚信的人》	2.6%
《来哦来哦网络喷子与键盘侠》	2.5%

视频主题	收藏/播放
《7 岁？14 岁？刑事责任年龄要不要下调》	2.4%
《捆住手就没办法讲课，第一次读评论，有点紧张》	2.3%
《bilibili 11 周年演讲》	2.3%
《撕别人家作业犯法吗》	2.2%
《给树浇水还要坐牢？》	2.0%
《韩国 N 号房事件的罪与罚》	2.0%

首先，以《羁押 26 年张玉环改判无罪，之前的刑讯逼供还能追诉吗？》（见表 3-6）为代表的普法类视频对应了第三方科普账号的科普属性。从内容上来看，视频既具备结合热点时事的时效性，又有针对我国刑法中特殊的追诉时效制度的讲解普及，以小见大，意义深远。结合热评内容来看，既有对事件主人公的坚强意志的钦佩和悲惨遭遇的惋惜，也有对罗翔本人的真知灼见的敬仰，更有对未来法治建设的期许和展望。受题材的悲剧性和科普者的低缓语调影响，热评情绪的基本面是较为严肃和客观的，争议性和辱骂性的评论很少。

表 3-6　视频《羁押 26 年张玉环改判无罪，
之前的刑讯逼供还能追诉吗？》热评内容

热评内容	获得赞数
这种人也是心志坚定，我在这种情景下，可能已经疯了	59858
可能他 26 年挣不到 700 万，但 700 万一定买不了 26 年。还有一点我感动的是：26 年以来还有一个律师为他翻案	55058

热评内容	获得赞数
罗老师在讲本案件过程时声音低缓，讲法律时又慷慨激昂	38498
人家好不容易回来了，前妻来迎接他，有一条弹幕是"来要钱的吧"啧啧啧，这条弹幕我举报了。你要这么功利就别来听课了	35293
就像宋小女采访说到的"你们只是听听，走到这件事里了，还觉得有点感动，没有走到这事里的人，听着就是个笑话"	21321
巴山楚水凄凉地，二十三年弃置身。 怀旧空吟闻笛赋，到乡翻似烂柯人。	15217
这里有人在发光	13430
这可真是太令人心痛了	13157
让我更加感动的是张玉环的母亲，知道张玉环无罪释放后分给别人糖，这么多年遭受了多少的非议啊	12151
我觉得一是对他本身的一生造成了难以挽回的损失，再一个是他的家人也被扣了 26 年的杀人犯家人的帽子，真的不好受，在一些小地方基本上你这家人就废了……整个市或县，最起码整个村都会排挤。他们的伤疤也是个问题吧	7223

对比表 3-7 中微博"@央视新闻"于 2020 年 8 月 9 日在微博话题＃央视专访张玉环＃下所发布的专题报道的热门评论，网民讨论重点较为单一，集中在"对失职人员的严惩"这一命题，缺少对舆情事件结构性矛盾和普遍意义的讨论。而上述"罗翔说刑法"所发布的视频的舆论作用表现，正好说明第三方科普平台在舆情场域中对讨论深度、广度的提升作用。

表 3-7 央视新闻采访张玉环微博热评

热评内容	获得赞数
严惩相关人员	37077
26 年，大半个人生啊，26 年青春，时间不是能买来的	19250
让当年那批人也 26 年	10127
必须严惩当年的人，不要赔偿，26 年，怎么忍得下去	7157
毁掉别人的 26 年，那些人不是严惩就能解决的，怕是还有人因为这件事升了吧，毕竟"破"了一条人命案	5675
必须揪出来刑讯逼供的人	30587

其次，以《我们为什么要读书》为代表的感悟分享类视频对受众的影响较之于上文的"深度引导"要更加深刻。这类视频往往不以热点事件中的法律问题为话题，而主要是罗翔本人的读书心得和生活体会，相较于其他普法类视频更具价值导向、更突显平台风格和个人魅力。受益于罗翔本人的丰富学识和思辨智慧，以他为核心的科普账号也具备了一定程度从认知结构层面提升受众素养的可能。以《我们为什么要读书》为例，罗翔在视频中呼吁大家要带着非功利性的目的去阅读，在阅读中培养见识，学会敬畏和提升审美，"跟人类伟大的灵魂对话，用他的利斧劈开你那冰冷、傲慢、自恋、自怜的内心"。

此外，《我们为什么要读书》这期视频投稿不仅是其账号中"收藏 / 观看"比最高的，而且也是收藏总数最高的视频。此视频下的热门评论不仅能作为传播时的参考，也能一定程度反映该视频内容价值输出所带来的影响。热门评论能在一定程度上反映受众在观看内容后的态度与认识，同时，热评也是观念或情绪二次传播的重要渠道。正面的、引发受众共鸣与真心分享的热评内容能够对原本的内容与传播起到促进作用。

由表3-8可见，该视频下的7条热评几乎都在30字以上，基本是对视频内容的正面肯定，表达了由视频内容所引发的关于读书等内容的思考。有对过往经历的分享，认为其和视频观点可以相互印证；也有对阅读意义本身的解读分享，反映了受众在观看视频后确实产生了一定的思考和共鸣。可以说，此次内容分享很好地达到了科普所期待的效果。

表3-8　视频《我们为什么要读书》热评示例

热评内容	获得赞数	评论回复数
罗翔老师真的是我见过入驻 b 站的名人里最诚恳的一位，每期视频都在引导我们去思考。我觉得他的视频就像一本好书，值得收藏下来反复地咀嚼、思考	33231	133
比起物质上的富裕，我们现在缺的是精神上的高贵。如果大家能够有足够高的精神境界，那社会上的肮脏事会少一大堆吧	9567	624
个人意见：功利性阅读，非功利性阅读都很重要。功利性阅读是为了学习技能，通过各种各样的考试提高自己。但是非功利性阅读是为了丰富内心，明白自己的不足和无知，能够明白名利并非唯一	2140	74

热评内容	获得赞数	评论回复数
我觉得成人之后的读书，可以坚定自己的信仰，成为自己的主人。当然，搭配思考使用才可以有效果，这里引用章北海的话我觉得很合适："我不需要思想钢印，我是自己信念的主人，这种信念之所以坚定，是因为它不只是来自一个人的智慧。"反过来，读书还可以避免我们因被心怀叵测的人暗中打上"思想钢印"而失去判断	2903	17
我实在太认同罗老师说的这些话了。我大概也经历过从自己为中心到认识到自己的渺小与无知这个过程，从认定自己是绝对正确到多想一想、多学一学、多论一论而不要妄下定论。木心先生说："有的书，读了便成了文盲。"我觉得是这样的。不仅那些先贤的智慧可以让我们学习了解思考和行为方式，理科书籍里的知识也同样会时刻提醒我们认识到自己的渺小与无知。小到普朗克长度描述下的微观世界，大到整个可观测的宇宙，人类的知识是何其的渺小，但对于每一个个体又是如此庞然。我们不可能因为读了书就了解人类的整个知识体系，也不可能因为渺小就不去读。只有不断地读书，我们才能认识到知识的伟大，也为了终有一天，能让这整个整体有新发的枝丫，这就是我为什么读书	806	6
我是一个普普通通的刚入职没多久的农村教师，我宁愿我的学生带着功利性读书，也不想看见学生自我放弃，我已经尽力了。等疫情结束开学之后，我再努努力，不图学生大富大贵，但求自己无愧于心，对得起自己的良心	1875	84

综上所述，本章所选取的以毕导、罗翔为代表的网络"大V"，借助新兴的媒体形式发挥其独特的个人魅力，将账号风格化、人格化，在潜移默化中帮助广大受众完成个体的思维提升。优秀的第三方科普账号具备从知识普及向认知升级跨越的潜能，在优质内容创作和科普工作者本身影响力的共同作用下，个性的、专业的知识也得以向舆情场域内更广大的受众群体辐射，并且从简单的知识科普开始逐渐涉及思维提升和理性逻辑。

四、总结与思考

上述三个较为成功的第三方科普平台案例均体现出网络内容建设的积极作用。"毕导THU携手官媒"案例中，在第三方科普账号的助力下，同类型事件流量升级、热度提升，活动的效果非常明显地提高了；"丁香医生主动发声助力国家药监局"案例中，第三方科普账号切入及时、应对有效，成功消弭了突如其来的负面舆情；"罗翔开展普法公开课"案例中，第三方科普账号风格独特、娓娓道来，既在知识层面展开普及工作，又不忘呼吁提升个人的精神境界。

案例中的账号的成功做法为优质网络内容生产提供了可参考借鉴的经验方法。在网络舆论场中，通过内容建设主动输出，帮助网民提升科学素养，降低网络空间中以讹传讹、盲目跟风等乱象，进而提升公众辨识能力、理性思维，为网络舆论场的参与者提供更为稳定的基础素养与科学观念的支持。在此，本章试图就具有网络舆论场正能量引导作用的网络信息内容生产者在生产与创新层面更好地发挥作用提供一些建议。

（一）关注内容生产，补充官媒不足

在各类媒体中，官媒毫无疑问占据了用户数量和辐射范围金字塔的顶端。但就细分领域的内容，如科普类的相关话题而言，官媒却似乎并未领先。以"毕导THU携手官媒"科普火箭发射为例，毕导个人在新浪微博的相关动态、视频作品的评论、转发和互动量，均高于官方媒体的同类型发声（如央视新闻、《人民日报》等账号的相关报道）。究其原因，内容生产的差别是根本。

综合来看，网络信息内容生产者掌握了"内容为王"的信息传播重要原则，他们在扎根专业领域、不断提升自身素养，发挥引领作用，让内容拥有更高"含金量"的同时，也切实提高了内容的真实性和权威性。以"罗翔说刑法"为例，其不仅对具体的知识进行输出，也致力于潜移默化地引导受众提升思维逻辑、进行深度思考，对提高民众科学素养具有积极意义。例如，罗翔在就"韩国N号房"事件进行解读时，不仅针对涉事主体的罪行进行了量刑科普，还对相关的性犯罪、传播淫秽物品罪的含义进行了阐释。他还呼吁，鉴于网络技术的不断发展，网络认知与真实世界的差距正在缩小，法律概念的外延也应当根据社会一般认识的变化作出相应的调整。相关视频一经发表，受众反响热烈。

因此，运营良好的网络信息内容生产者能够充分利用新媒体平台的传播特征，精细化补充官媒在科普领域内的内容、热度等方面的不足，助力官媒科普工作的流量提升。

（二）关注传播形式，加强平台协同合作

"内容为王"是传播基础，而形式也是内容的一部分。优化传播形式，不仅能够为内容增值，更能增强内容的传播力和影响力。因此，网络内容生产者首先要不断争取传播内容呈现形式的多样化，针对不同网络传播平台的用户使用习惯和媒介形式接受的偏好特征，差异化地进行内容分发。例如，在抖音等平台发布简明扼要的短视频内容，在微博等平台发布可读性高的图文内容，在 B 站等平台发布全面详解的长视频内容等。其次，网络内容生产者要更加精准地把握年轻群体的知识接收习惯，使用亲和、通俗、风趣的传播语态，深入浅出，让内容更符合受众的用语习惯，将专业性较强的科普知识从传统的堆砌式或说教式的科普方式中解放出来，降低接受门槛，提高受众兴趣。以更加与时俱进的传播理念缩小科普信息与年轻群体的距离。例如，"罗翔说刑法"便是因为罗翔老师亲和又不失严肃、细节丰富生动、逻辑清晰的科普叙事方式而频频出圈。

（三）关注舆情反馈，缓解官方应对压力

舆情的集中爆发，很重要的一大原因便是网民情绪没有得到充分释放。很多时候，网民的"一边倒"并不正确，而是情绪宣泄的惯性。这也是当前网络舆情屡次出现反转的原因。无论是"一边倒"，还是转而"倒向另一边"，显然都不是风清气正的网络舆情氛围，本质上均不利于问题的解决。恰如著名社会学家科塞的"安全阀理论"所提出的，一旦社会冲突没有办法以适当的

冲突形式解决，更大的危机可能会蕴藏在其后。迅速削减舆论戾气，缓和负面情绪，是控制舆情、消弭舆情危机的第一步。

以"丁香医生"为代表的网络信息内容生产者自带专业属性，擅长用数据和实证案例佐证，此类账号的参与可以在一定程度上提升网民的信任度，有利于引导网民理性思考与讨论。2020年，"丁香医生"两次针对性科普均非常好地助力政府扭转舆情不利局势：一是及时科普新型冠状病毒引发的肺炎相关知识，以及为何难以确诊等民众关心的问题，在一定程度上化解了疫情暴发初期民众对政府的质疑；二是在罕见病和孤儿药问题上主动迅速开展专业科普工作，条理清晰、有理有据地列举了国内外同类事件和解决方法，及时地安抚了民众负面情绪，一定程度上缓解了官媒的应对压力。

也正是在这样的思路下，网络信息内容生产者往往比官媒更加重视反馈环节，他们深谙通过增强受众的参与感以提高受众的忠诚度之道。在网络技术的支持下，如今的新媒体平台同时也是社交平台，受众的反馈渠道通畅、反馈方式便捷，反馈的需求和主动性也更加强烈。从毕导相关科普视频下的热门评论可见，作为第三方科普账号，其具备较好的与观众互动的习惯，也以此吸引到一些具有专业知识的受众对科普内容进行完善和补充。而这样的二次科普，也有利于内容严谨化和观点多样化，形成良性循环。

（四）关注服务平台，科技赋能引领未来

当前，信息技术的发展使得内容生产准入门槛逐渐降低，滋生了质量参差不齐、知识信息鱼龙混杂等问题。"伪科学""谣言"等信息在网络空间中层出不穷，加强网络信息内容生态治理，网络信息内容服务平台责无旁贷。首先，要完善平台运行机制，强化平台主体对科普内容的审核监管和治理能力，通过建立并不断完善识谣辨谣、分析研判机制，不断优化和提升平台主体的运行效率，为营造清朗的网络空间和生态主动发挥作用。其次，网络平台间存在割裂，无法形成最大合力以充分发挥其对网络内容治理的长效机制。可以探索建立以协同方式进行整合的数据库品牌，打破平台间的区隔，搭建一个各类传播主体与公众对话的场所，为提升网民网络素养、建设风清气正的网络文化空间主动作为。

《内容科技（ConTech）元年白皮书》将内容科技定义为以人工智能、大数据等信息技术为内核，对内容产品的生产与消费链条、内容产业的组织与分工模式产生重大影响，包括区块链、物联网等在内的一系列数据与信息采集、存储、加工、传输的新技术，这些技术催生了内容产业领域的新应用、新服务。[1] 对于网络信息内容服务平台来说，利用科技赋能创新内容生产，可以从两个方面入手：一是提升数据运转效率，充分利用平台内部资源。能否充分掌握、高效利用数据资源，有时甚至决定了网络信息内容服务平台建设的命运。同时平台也需要大力开发多样化的内容生产工具，充分激活平台中的内容生产者的创作活力，在内容创作方面发挥引领作用，高效产出提升平台用户网络素质的优

---

① 人民网：《内容科技（ConTech）元年白皮书》（2020 年 3 月 27 日），http://media.people.com.cn/GB/22114/431528/index.html（访问日期：2024 年 4 月 28 日）。

质内容。二是优化平台算法，向上向善驾驭流量逻辑。借助算法内容审核技术的迭代升级，通过人机配合等多渠道网络内容审核技术，提升内容审核的效率与准确率。同时，将生产者信誉等价值维度纳入算法开发的逻辑体系当中，用社会主义核心价值观引领算法开发，优化社会价值资源配置，提升优质内容的传播力，以此加强平台算法对公民科学素养的引领力度。

第四章　高校新闻"霸榜"呼唤良好舆论形象的主动构建

一、研究主题

截至 2021 年 9 月 30 日，我国共有高等学校 3012 所，其中普通高等学校有 2756 所（未包含港澳台地区高等学校）。[①] 在微博平台对高校热搜情况进行搜索，相应统计结果显示，2018 年以来，曾有 200 多所高校的名字出现在微博热搜话题中，且分布相对集中，热搜榜前 15 名的高校的热搜话题量基本达到了高校整体的 60%。相较于娱乐新闻，高校出现在热搜的频次不算太高。但考虑到国内高校在网络舆论场域中普遍存在的低调风格，两年内多达 200 多所高校出现在微博热搜中，无论热搜性质是利是弊，对高校形象和舆论应对能力都形成了较大挑战。舆情反响好评如潮，高校自当砥砺自我，再创口碑辉煌；舆情反响偏向负面，高校应迅速应对，平息舆情。从近年来大量高校的"霸榜"

[①]　中华人民共和国教育部：《全国高等学校名单》（2021 年 10 月 25 日），http://www.moe.gov.cn/jyb_xxgk/s5743/s5744/A03/202110/t20211025_574874.html（访问日期：2024 年 5 月 10 日）。

经历来看，如何趁"热"打铁以更好地趋利避害，是每所高校均需直面的议题。

本章针对近期高校相关舆情事件频繁上热搜的现象，建立数据库并设立指标对 2020 年涉高校类舆情热点事件展开分析，旨在为高校网络舆情应对提供建议，为高校正面形象的建立提供参考。值得关注的是，在舆情事件选取与数据分析的过程中，发现涉高校类的舆情危机事件层出不穷，但高校的正面舆情事件则鲜有"出头鸟"，少有高校主动地、有意识地提升自己在社会公众中的形象。因此，本章将从两个方面切入：第一，希望通过梳理近一年的热点舆情危机事件，建立高校需要重视的事件类别清单；第二，结合一年采集时间段高校正面舆情事件的典范，分析高校如何结合学校特色，打造品牌形象。通过对相关案例的归纳梳理，建立数据库并设立指标对这些舆情事件进行分析，为高校舆情圈"好事不出门，坏事传千里"的现状提出建议。

2020 年元旦以来，高校正面热搜舆情事件集中于毕业季，如"77 所高校线上云毕业晚会""毕业歌 2020 云演唱会"等毕业群像型事件，但某一具体高校的正面热搜事件较少。武汉大学则在其中脱颖而出。六月下旬，结合当时客观环境，武汉大学利用武汉这座城市的"英雄"这一元素，推出了一次特殊的毕业典礼。这次活动获新华社、新京报等一系列官方媒体的报道，在众多名校特殊的"云毕业典礼"中，它依然显得与众不同，打造出了武汉大学的品牌形象。无独有偶，在 2022 年，上海较早出现新冠感染病例的上海交通大学迅速反应，在全校施行校内管理的同时，召集校内教职工为学生送饭，微博中"交大老师开私家车送饭""最高学历外卖员"等正面词条也为上海交通大学树立了良好的舆论形象。在舆情危机事件部分，本章依托"新浪微舆情"平台，进行关键词云的摘取，从中选取十件案例，包括全×修改高考身份、山东高考顶替、高校就业数据造假等社会影响大、民众关切度高的负面事件；从正面形象开展主动建设的角度，选取武汉大学毕业典礼形成良好的网络传播反响事件作为代表性案例。本章借此对高校舆情危机的有效应对方式以及良好舆论形象的主动构建等进行分析研究，以为高校对相关问题的应对处置提供一定的借鉴与启示。

二、研究设计

（一）选取代表案例

对于热点舆情危机事件，本章依托"新浪微舆情"平台，以不同关键词进行搜索，进行关键词云的摘取。由于微博舆情热度的形成机制，相应结果会出现商业化词汇影响排名公正度的情况。因此，为了使数据更加精确，在原词云的基础上将一些商业化关键词予以排除，对词云进行迭代，形成二代词云，最终获得事件库。

具体迭代筛选的过程如下，第一轮筛选以"高校"为关键词检索热点词云，见图 4-1。

第二轮筛选删除"明日之子""三鹿""正源""十三"等排名靠前的商业化或与本章关联度不大的关键词，见图 4-2。

图 4-1　关键词为"高校"的词云

图 4-2　删除商业化词条后的词云

第三轮筛选删除"顶替""仝 ×""山东"三个排名较前的关键词。这主要是考虑三个关键词所代表的热点舆情事件热度极高，会直接影响其他关键词热度显示，故先将其纳入样本，然后删除以获取其他热点事件词云图。然后对热度词云进行检索，形成最终词云图，见图 4-3。

为了较为全面准确地获得高校热搜舆情事件，本章再次以"高校＋高等教育＋大学＋事件"为关键词，借助"新浪微舆

图 4-3 删除热度排名前三事件后的词云

情"软件的数据检索技术，进行 2020 年度全年全网舆情事件检索，分别获得上述关键词组合的"自媒体事件印象"词云图与"媒体报道印象"词云图，见图 4-4 和图 4-5。

通过以上几次检索，得到迭代后的五张词云图，并通过对词云图关键词的筛选，最终确定以下十起涉高校类代表性舆情热点危机事件：（1）全 × 修改高考身份；（2）山东高考顶替；（3）高校就业数据造假；（4）美国发布留学生签证新规；（5）中国（境内高校）低标准招收留学生（北大等高校取消外籍学生入学考试）；

图 4-4 "自媒体事件印象"词云

图4-5 "媒体报道印象"词云

（6）天大、厦大论文雷同；（7）四川师范大学某副院长性骚扰女教师；（8）福州大学教师性骚扰女学生；（9）西南交大陈××保研成绩造假；（10）西安财经大学行知学院男生直播侮辱女性。

从热搜热度值获取的事件排行榜可以发现，高校舆情在较大程度上存在"好事不出门，坏事传千里"的状况，2020年度热度排名前十的事件基本表现出了较为负面的舆论影响。为了更好把握涉及高校舆论热点的全貌，本章继续检索全网平台数据，并在"新华社"官方微博检索高校相关热评微博，最终选取了"武汉大学毕业典礼"这一舆论热点作为产生较大积极影响的分析案例。武汉大学结合当时客观条件，推出了一场特殊的毕业典礼，在众多高校的"云毕业典礼"中显得与众不同，特色鲜明，在较大程度上主动且积极地塑造、传播了武汉大学良好的网络形象。

（二）数据来源

本章的数据源于"新浪微舆情"平台中的热度指数和全网微博数据抓取功能。在检索路径方面，分别以"全×＋伪造""山

东 + 顶替 + 大学""就业数据造假""美国 + 留学生 + 签证新规""北大 + 留学生 + 考试""论文 + 天津大学 + 厦门大学""邓前程""福州大学 + 性骚扰""保研 + 造假""西安财经大学行知学院"等为关键词进行搜索获取相应数据。

（三）指标设计

1. 测量指标

本章从两个方面来构建分析指标，即舆情传播视角与事件性质视角。具体地讲，构建并设定了两个一级指标，分别为传播指数与性质指数。传播指数下设五个二级指标，分别为数据总量、时间跨度、峰值、顶峰个数、地区覆盖度。性质指数下设两个二级指标，分别为主体多元程度与严重程度（违法、违德或无法判断）。对于地区覆盖度，设定了两个三级指标，分别为占据舆情数据总量 5% 以上的省份个数与舆情数据前三高的省份占总量比（首位度）。相应指标设计见表 4-1。

表 4-1　高校事件舆情分析指标结构

事件	传播指数						性质指数			
	数据总量（25 分）	时间跨度（15 分）	峰值（15 分）	顶峰个数（10 分）	地区覆盖度（15 分）		主体多元程度（10 分）	严重程度（10 分）		
					超过总量的 5% 省份个数（10 分）	（首位度）前三省份占总量比（5 分）		违法	违德	无法判断

2. 指标解析及赋值

（1）数据总量

该指标指的是舆情周期中事件的数据总量，舆情传播时间段内的来源于微博、客户端、论坛等11个来源的信息参与总量，占满分（百分）的25%。赋予最高值的事件10分，最低值的事件1分，（最高值－最低值）/9为步长，值每增加一个步长增加一分，随后乘以系数2.5。

（2）时间跨度

该指标是指舆情周期中事件引起热度的时间总长，占满分的15%。赋予最高值的事件10分，最低值的事件1分，（最高值－最低值）/9为步长，值每增加一个步长增加一分，随后乘以系数1.5。

（3）峰值

该指标是指舆情周期中事件单日最高数据量，占满分的15%。赋予最高值的事件10分，最低值的事件1分，（最高值－最低值）/9为步长，值每增加一个步长增加一分，随后乘以系数1.5。

（4）顶峰个数

以"新浪微舆情"平台的信息来源走势图为依据，判断图中的顶峰数量，看是否存在二次或数次"爆炸"的情况，该指标反映事件的起伏波折程度，占满分的10%。赋予最高值的事件10分，最低值的事件1分，（最高值－最低值）/9为步长，值每增加一个步长增加一分。

（5）地区覆盖度

该指标反映舆情传播的广度以及是否在特定地区拥有深度影响力。依托"新浪微舆情"平台的地域分布图，计算超过数据总量 5% 的省份个数以及数据量前三高省份占总量的百分比。前者占满分的 10%。赋予最高值的事件 10 分，最低值的事件 1 分，（最高值 – 最低值）/9 为步长，值每增加一个步长增加一分。后者占满分的 5%，赋予最高值的事件 10 分，最低值的事件 1 分，（最高值 – 最低值）/9 为步长，值每增加一个步长增加一分，随后乘以系数 0.5。

（6）主体多元程度

该指标反映事件中的涉事主体情况。一个主体代表了这一群体在这一事件中拥有相应的利益、受到了重大的影响或起到了重要的作用。本章以官方回应或事情的最后处理通报为参考。赋予最高值的事件 10 分，最低值的事件 1 分，（最高值 – 最低值）/9 为步长，值每增加一个步长增加一分。

（7）严重程度

判断事件是否存在违法、违德或无法判断的情况，以官方回应或事情的最后处理通报为参考。违法赋予 10 分，违德赋予 5 分，无法判断赋予 0 分。

将以上得分进行加总，得出事件的总体得分，得出热度、严重程度从高至低的排序，形成高校负面舆论事件的清单。

（四）研究思路

对于热点舆情危机事件，本章从传播指数和性质指数入手，对事件的各个指标进行比较分析，分别探索各项指标排名前列的事件，找出热度规律。对于正面事件，进行典型案例研究，以 2020 年武汉大学毕业典礼为案例。在当时较为特殊的背景下，学校面临上课、科研、高考招生、研究生招生等一系列大难题，武汉大学把握了舆论传播的特点与规律，实现了舆论形象主动构建的"弯道超车"效果。并分析武汉大学如何发掘并利用学校的特有元素，使其在众多高校的毕业季中脱颖而出，打破了一般高校正面事件缺乏的较具典型性的局面。

三、涉高校类代表性热点舆情危机事件指数分析

（一）传播指数分析

随着门户网站、自媒体、各类论坛及客户端的迅速发展，高校这一话题越来越受到网民的关注。首先，由于教师、学生这两个群体的特殊性，一旦涉及敏感话题，总能引起非常大的舆论反响。加之教育本就是全国范围的讨论话题，"高考""升学"等词一旦出现便总能引起网络舆论的共同关注。例如，2020 年 1 月 1 日以来，"全 × 修改高考身份"及"山东高考顶替"两起爆点事件的出现，将 2020 年以来高校话题的热度推上了高峰。

从表 4-2 可以直观看到，十起年度舆情事件呈现"一超多强"的热度趋势。从数据总量视角分析发现，"山东高考顶替"事件独占鳌头，并远远甩开了其他所有事件，数据总量达到了百万级别，为 1087924，是第二名"全 × 修改高考身份"的四倍有余。"全 × 修改高考身份"事件独自组成了第二档，数据总量达到了十万级别，为 245350，与除"山东高考顶替"的其他事件也拉开了较大差距，而全 × 的明星身份也在这一事件中起

到了重要作用。"高校就业数据造假""美国发布留学生签证新规""西安财经大学行知学院男生直播侮辱女性"三起事件处于第三梯队，达到了三万至十万的数据总量，其他事件都在一万级别。

表 4-2　传播指数各指标数据统计

事件	传播指数					
	数据总量（25分）	时间跨度（15分）	峰值（15分）	顶峰个数（10分）	地区覆盖度（15分）	
					超过总量的5%省份个数（10分）	（首位度）前三省份占总量比（5分）
全 × 修改高考身份	245350	5.27–7.12（47天）	100536	7	5	44.87%
山东高考顶替	1087924	6.9–7.10（32天）	107206	9	6	41.36%
高校就业数据造假	31800	6.5–7.16（42天）	16339	5	5	43.10%
美国发布留学生签证新规	44360	7.6–7.16（11天）	24204	2	4	25.12%
中国（境内高校）低标准招收留学生（北大等高校取消外籍学生入学考试）	13558	5.4–7.9（67天）	4199	7	2	62.41%

事件	传播指数					
	数据总量（25分）	时间跨度（15分）	峰值（15分）	顶峰个数（10分）	地区覆盖度（15分）	
					超过总量的5%省份个数（10分）	（首位度）前三省份占总量比（5分）
天大、厦大论文雷同	15862	7.6–7.16（11天）	8533	2	4	46.42%
四川师范大学某副院长性骚扰女教师	10843	7.2–7.10（9天）	5709	1	5	41.68%
福州大学教师性骚扰女学生	10964	5.12–6.26（46天）	4733	2	3	27.33%
西南交大陈××保研成绩造假	17148	6.10–7.16（37天）	2581	6	3	56.70%
西安财经大学行知学院男生直播侮辱女性	72637	6.21–7.5（15天）	26655	2	6	30.99%

将时间跨度与顶峰个数视角结合分析，可以发现两者存在着一定的正相关关系。"全 × 修改高考身份""山东高考顶替""高校就业数据造假""中国（境内高校）低标准招收留学生""西南交大陈 × × 保研成绩造假"的舆情传播都超过了30天，顶峰个

数也都超过了 5 个。时间跨度最长为"中国（境内高校）低标准招收留学生"，为 67 天，顶峰个数最大为"山东高考顶替"，为 9 个。而"福州大学教师性骚扰女学生"较为特殊，舆情传播虽有 46 天，顶峰个数却仅为 2 个，究其原因，是因为福州大学对于该事件的回应时间较晚，造成了整体舆情传播时间跨度的拉长。其他事件的时间跨度都在 10 天左右，顶峰个数都为 1 或 2 个。时间跨度的增加，往往源于事件出了新的爆点或转折，再度引起人们的关注与讨论，这也同样增加了单日的数据量，形成新的顶峰。因此，两者之间往往存在正相关的关系。

从峰值角度进行分析，"全 × 修改高考身份"与"山东高考顶替"两大爆点事件不出意外地占据头两名，数值达到了十万级别，相当接近，并且几乎是第三名的四倍，分别为 100536 与 107206。"高校就业数据造假""美国发布留学生签证新规""西安财经大学行知学院男生直播侮辱女性"三起事件组成了第二梯队，峰值都处于万级，位于一万至三万之间。其他事件峰值相对较低，位于一万以下。

从地区覆盖度角度进行分析，首先是超过数据总量 5% 的省份个数，本章依此来判断舆情传播的广度。"全 × 修改高考身份""山东高考顶替""高校就业数据造假""西安财经大学行知学院男生直播侮辱女性""四川师范大学副院长性骚扰女教师"这五起事件拥有较高的传播广度，都有五至六个省份的数据量超过了整体的 5%，而"中国（境内高校）低标准招收留学生"的传播范围相对较窄，仅有两个省份达到该指标。其次是首位度即数据量前三的省份占总量比，可以发现，虽然"中国（境内高校）低标准招收留学生"的传播范围相对较窄，但首位度却位列所有事件首位，为 62.41%，说明该事件在特定地区内形成了较高的影响程度，形成了一定的传播深度。首位度排在第二位的为"西南交大陈 × × 保研成绩造假"，达到 56.70%。大部分事件在该项数据上都在 40%–50% 之间。而"福州大学教师性骚扰女学生"与"美国发布留学生签证新规"的数据较低，仅为 27.33%与 25.12%。

（二）性质指数分析

除了事件的传播指数，本章还希望分析事件的性质属性，将两者通过权重计算共同得出十起热点舆情危机事件的影响程度。因此，建立了性质指数进行判断。具体的计算方式已在上述研究设计部分阐明，十起事件的数据统计如表4–3。主体多元程度与违法违德的情况，本章都以每一事件最终的官方回应、处理通报或政府发声为依据。例如，根据《人民日报》的官方微博、主流媒体的相关报道、省级或国家政府部门发布的通报或文件等，进行筛选判断。

表4–3　性质指数各指标数据统计

事件	性质指数			
	主体多元程度（10分）	违法	违德	无法判断
仝 × 修改高考身份	6	√		
山东高考顶替	6	√		
高校就业数据造假	3	√		

事件	性质指数			
	主体多元程度（10分）	违法	违德	无法判断
美国发布留学生签证新规	4			√
中国（境内高校）低标准招收留学生（北大等高校取消外籍学生入学考试）	3		√	
天大、厦大论文雷同	3		√	
四川师范大学某副院长性骚扰女教师	4	√		
福州大学教师性骚扰女学生	4		√	
西南交大陈××保研成绩造假	3		√	
西安财经大学行知学院男生直播侮辱女性	3		√	

对案例"全×修改高考身份"，本章以山西省教育厅及延安市纪委发布的官方声明为依据，其中出现的主体为省教育厅、中纪委、明星（全×）、犯罪嫌疑人（政府官员＋教师）、公安机关、行业协会（湖南卫视），共6项，性质为违法。对案例"山东高考顶替"，以山东省教育厅及教育部发布的官方声明为依据，其中出现的主体为省教育厅、高校、高考生、公安机关、省纪委、犯罪嫌疑人（政府官员＋教师），共6项，性质为违法。对案例"高校就业数据造假"，以《人民日报》的官方微博与教育部发布的官方声明为依据，其中出现的主体为高校、教育部、毕业生，共3项，性质为违法。对案例"美国发布留学生

签证新规"，以《人民日报》官方微博的数次发声及外交部的发言为依据，其中出现的主体为美国行政单位、美国高校、中国留学生、中国外交部，共 4 项，性质为无法判断。对案例"中国（境内高校）低标准招收留学生"，以北京大学官网发布的通知为依据，其中出现的主体为高校、教育部、外籍留学生，共 3 项，性质为违德。对案例"天大、厦大论文雷同"，以中国新闻网及《环球时报》的微博转载的两所大学处理通报为依据，其中出现的主体为违规者、高校、学生，共 3 项，性质为违德。对案例"四川师范大学副院长性骚扰女教师"，以四川师范大学的官方通报为依据，其中出现的主体为高校、教师、违法者、公安部门，共 4 项，性质为违法。对案例"福州大学教师性骚扰女学生"，以新浪新闻等媒体的报道及福州大学官方微博的声明为依据，其中出现的主体为高校、教师、违法者、学生，共 4 项，因目前暂无公安部门介入的消息，因此事情的性质为违德，与四川师范大学事件的情况有所区分。对案例"西南交大陈××保研成绩造假"，以西南交大的官方通报为依据，其中出现的主体为高校、教师、学生，共 3 项，性质为违德。对案例"西安财经大学行知学院男生直播侮辱女性"，以《新京报》的微博报道及西安财经大学的官方回应为依据，其中出现的主体为高校、学生、直播平台，共 3 项，性质为违德。

（三）得分统计

至此，本章已将所有指标的数据统计完毕，根据研究设计中的得分计算方式，统计出所有事件各项指标的得分，如表 4-4。

表4-4 所有事件各指标得分情况统计

事件	数据总量	时间跨度	峰值	顶峰个数	超过总量的5%省份个数	前三省份占总量比	主体多元程度	违法	违德	无法判断
仝×修改高考身份	5	9	13.5	8	8	3	10	10		
山东高考顶替	25	6	15	10	10	3	10	10		
高校就业数据造假	2.5	9	3	6	8	3	1	10		
美国发布留学生签证新规	2.5	1.5	3	2	6	1	5			0
中国（境内高校）低标准招收留学生	2.5	13.5	1.5	8	1	5	1		5	
天大、厦大论文雷同	2.5	1.5	1.5	2	6	3	1		5	
四川师范大学某副院长性骚扰女教师	2.5	1.5	1.5	1	8	3	1	10		
福州大学教师性骚扰女学生	2.5	9	1.5	2	3	1	5		5	
西南交大陈××保研成绩造假	2.5	7.5	1.5	7	3	4	5		5	
西安财经大学行知学院男生直播侮辱女性	2.5	3	4.5	2	10	1	1		5	

将得分加总并排序，得出 2020 年 1 月 1 日以来，涉高校类代表性热点舆情危机事件的总分情况，如表 4-5。可以发现，"山东高考顶替"以 89 分的总分位列首位，并且与第二名"全 × 修改高考身份"有 23.5 分的分差，这与之前该事件在各项数据中都位列前茅的情况非常相符。而"全 × 修改高考身份"也与后面的其他事件拉开了比较大的分差，与第三名"高校就业数据造假"亦有 24 分的分差。可以说两大爆点事件"山东高考顶替"及"全 × 修改高考身份"的热度是现象级的，独自形成两个梯队，远远超过了一般情况下的高校负面舆情，也体现了高校话题在网络舆论中的热议程度。

表 4-5　涉高校类代表性热点舆情危机事件得分情况

事件	总分
山东高考顶替	89
全 × 修改高考身份	66.5
高校就业数据造假	42.5
中国（境内高校）低标准招收留学生（北大等高校取消外籍学生入学考试）	37.5
西南交大陈 × × 保研成绩造假	35.5
福州大学教师性骚扰女学生	29
西安财经大学行知学院男生直播侮辱女性	29
四川师范大学某副院长性骚扰女教师	28.5
天大、厦大论文雷同	22.5
美国发布留学生签证新规	21

"高校就业数据造假""中国（境内高校）低标准招收留学生""西南交大陈××保研成绩造假"这三起事件的得分介于35-45分之间，处于第三档的位置。其余事件得分低于30分，相对较低，其中"天大、厦大论文雷同""美国发布留学生签证新规"的得分仅为22.5与21，与榜单其他事件有一定差距。

需要说明的是，由于"山东高考顶替"与"仝×修改高考身份"两大事件远远超出了高校往常一般负面事件的舆情热度，在各项数据统计尤其在传播指数的得分方面远远超过了其他事件，导致其他事件得分偏低。但这并不意味着其他类型的事件能够被忽略，其中反映出的"性骚扰""学术诚信""制度公平性""数据真实性"等主题是近些年来愈发得到人们关注的话题，必须同样予以重视。

民众心中对于高校这一"象牙塔"的想象与执念，加之高校一旦出现舆情危机事件，往往都是敏感话题的特殊性质，决定了高校处理有关舆情危机事件时往往面临更大的压力，需要更快速地拿出处理方案。高校不应该寄希望于外部因素对于人们注意力的转移与分散，或者人为主观地去逃避、削弱事件的影响，而应该实事求是、脚踏实地地"就事论事"。希望案例分析中体现的各个类型事件的特点，能够启发高校防范类似事件的发生，并做好合理处置的预案。

四、武汉大学"云毕业"典礼引发积极反响

（一）武汉大学的"热搜体质"

在正面案例收集的过程中，"毕业"相关事件在高校话题中

占据很大比例，无论是各大高校花样翻新的毕业典礼、毕业活动，还是大人物的毕业寄语、新奇的毕业论文等都上过热搜。

谈及热搜体质，武汉大学必须榜上有名，或许你对"国立武汉大学"的招牌还有些陌生，但你一定听说过"国立网红大学"的威名。[①] 作为微博热搜的常驻嘉宾，武汉大学总是自带"热搜体质"，稍不留神就被热心网友顶上热搜榜。

长期以来，武汉大学就以"樱花"与"校花"两大话题打造"中国最美大学"的高校形象。与武大相关的热搜中，有约 37% 的话题与樱花相关，这也使得武大上热搜的次数超过了经常与明星艺人的名字一起出现的北影和中戏，仅次于清华和北大。

（二）疫情背景下的"英雄"题材

2020 年，由于疫情的原因，武大樱花上热搜的词条也有些不一样，"武大樱花首日直播千万人观看""武大明年将举办医护人员赏樱专场"等热搜话题搜索量均超百万。武汉大学利用武汉这座城市的"英雄"元素，举办了一次特殊的毕业典礼，获得各大官方媒体的报道，在众多高校的"云毕业典礼"中"出圈"，成功构建并传播了武汉大学良好的舆论形象。

在举行毕业典礼的 2020 年 6 月 20 日一天时间内，武汉大学共有四个词条登上热搜榜，分别是"武大师生默哀""武汉大学毕业典礼直播""明年武大樱花季将对医护专场开放""武大校长

---

① 掌上武大微信公众号：《武大，你凭什么叫国立网红大学》（2018 年 8 月 27 日），https://mp.weixin.qq.com/s/Lz6n_hL6SZY5SDOxNVD0-A（访问日期：2024 年 5 月 14 日）。

毕业致辞"。其中,"武大师生默哀"的最高热度为3485605,位于热搜第二。在毕业季,众多高校都选用了"云毕业"的方式,六月下旬"××大学云毕业"等词条也频繁登上热搜榜,而武汉大学在毕业典礼上为在疫情中牺牲的烈士和逝世同胞默哀。同时,因为了解医护人员在寒冬里甘冒风险、无私逆行为武汉带去最坚定支援的伟大,所以也能共情春天里奋战许久的白衣天使在离开这座城市时,错过樱花的遗憾。为此,武汉大学推出赏樱医护专场。可以看到,在毕业季的舆论场中,武汉大学凭借此举脱颖而出,用"英雄"元素引发网友共鸣,成为高校借助正面热度主动塑造良好品牌形象的典范。

五、总结与思考

高校一直备受社会关注,特别是近年来随着新媒体技术的发展,很多发生在高校的新闻事件往往会迅速发酵,在极短的时间内形成网络舆情,给高校的形象带来一定的冲击与挑战。对此,高校也应在舆情危机的应对与处置上紧跟时代特点及舆论的反应等做出相应的改变。同时,要主动打破"等舆情危机来了再想办法化解"的被动局面,主动出击,通过有效的措施和宣传手段,积极构建高校良好的正面舆论形象。基于此,本章从热点舆情危机事件和主动建设正面形象典型案例这两个视角出发,分析相关案例的传播热度和影响程度,从中可以得到一定的启发,为高校更好防范、应对舆情危机,及主动构建良好舆论形象以减少危机所带来的不利影响提供一些建议。

（一）涉教育公平类事件舆情热度最高，需及时应对

"山东高考顶替""全 × 修改高考身份"之类的社会事件涉及教育公平等社会敏感话题，且已经触碰红线，是道德、法律的红线，也是舆论的红线。这两件案例在 2020 年的十大高校相关热点舆情危机事件中排名最高，峰值也最高。这些事件的社会负面影响程度与事件大众关注度成正比。因此，高校对于此类触及雷区的舆情事件需及时回应、有效处置。

当舆情危机爆发时，高校要以"快"抢占先机，把握好舆情处置的"黄金 24 小时"规律，或者以更快的速度，主动及时发声，在事实层面做好"真相告知"工作，[①] 遏制网上的"众声喧哗"。更重要的是，要对舆情事件进行科学的分析研判，掌握舆情危机背后的深层次矛盾，同时采取相应的应对措施，着力解决问题，化解舆情风险，坚决杜绝"捂、压、盖"等不良做法，防止"小事拖大，大事拖炸"。[②] 在涉高校类代表性的热点舆情危机事件中，名人明星引发话题在榜时间最长，"明星"体质让事件热度加倍，需要格外注意。对于名生频出的高校，要留意本校学子发生的相关事件，在舆论从个人延伸至学校前作出应对。为此，高校在日常工作中要加强对各大网站、微博、微信等平台上相关舆情信息的监测，对网民思想情绪的波动变化持续关注，从多个角度掌握网民的思想动态，确保在第一时间发现潜在舆论风险，以便第一时间采取科学的应对措施，减少舆情危机事件的发生。

---

① 王楠：《高校网络舆情危机及其应对》，载《学校党建与思想教育》2021 年第 9 期。
② 任海涛：《舞好新媒体"双刃剑"》，载《学习时报》2014 年 12 月 22 日。

（二）涉教风学风类问题备受关注，应加强管理

师生行为不端、校园安全管理等事件一旦发生，总会引起社会的广泛关注和持续讨论，相关话题的阅读量通常都在千万级别，甚至上亿。数所高校曾爆出校园内猥亵、性侵事件，引发较热关注。例如，"央视新闻"曾在 2019 年 12 月 16 日发布微博："【#教育部回应北大上财教师师德失范#事件：零容忍！】"2019 年年初，翟天临一句"不知知网"，将自己推上了舆论的浪潮之巅。北大和北影被带上了热搜，不到一周共出现 14 条相关话题，其中 10 条话题的最高排名进入了当日前五。而 2020 年年初"南京邮电大学研究生意外死亡通报"等也让"导生关系"失序 ① 和学生心理健康问题成为焦点。随后发生的几起类似事件也一一上榜，如"福州大学教师性骚扰女学生""四川师范大学某副院长性骚扰女教师"等。

教风学风是一所大学的灵魂，拥有良好的教风和学风，高校才能培养出高质量的人才，才能创造良好的学术生态，进而获得一定的社会声誉。② 师德失范、学生行为不良等问题出现，不仅影响高校日常工作的正常运转，也使学校声誉遭受一定损害。针对师生行为不端等热点舆情危机事件，高校要坚持"零容忍"态度，做好及时应对和有效处置，进而挽救学校声誉。同时，高校

---

① 王伯承：《"导生关系"失序的学术道德风险诱发、逻辑机理及应对》，载《江西师范大学学报（哲学社会科学版）》2023 年第 3 期。

② 王焰新：《严字当头：新时代高校教风学风建设的探索实践》，载《中国大学教学》2021 年第 3 期。

应思考如何加强相关管理，杜绝类似事件再次发生。

为营造良好的校园环境，高校需对教风与学风双管齐下。在教师层面，首先，要将有关师德师风的教育理念和内容贯穿于教师的整个职业生涯。引导教师严守立德树人的价值导向，提升教师在师德师风方面的理论素养，增强其理论运用于实际的能力。其次，发挥榜样的带动力量。高校要积极挖掘本校乃至全社会的优秀教师先进事迹，在广大教师队伍中大力宣传，发挥先进典型独特的感召力，促进教师们自身师德水平的提升。[①] 最后，还应加强法治和警示教育。高校要在教师队伍中积极推动相关的法治培训，以此增强教师的法治素养，提升依法、规范执教的能力。在学生层面，高校要积极宣传正能量，帮助学生树立正确的世界观、人生观、价值观，鼓励他们为远大理想而努力奋斗。同时，建立健全一套与学校实际相适应的规章制度，把对学生思想和行为的激励和约束等内容纳入培养目标，以维护正常的教学秩序。此外，高校应开展学生感兴趣的积极向上的更多校园活动，把学生从网络、娱乐场所中吸引过来；重视情感管理，营造和谐的校园氛围，形成良好的校风学风。

（三）借鉴"大Ｖ"的影响力优势，加强高校自身舆论引导力建设

明星热度体制对高校未来生源有正面的筛选作用。例如，原清华大学的施一公教授归国，在当时属于学术上的大事件，紧接着吸

---

① 倪素香、彭雯诗：《新时代高校师德师风建设的困境与破解》，载《中南民族大学学报》2024 年第 3 期。

引了很多优秀的科研人才加入清华。很难说他们完全是因为施一公才加入清华，但确实在此之后施一公为清华的学术水平提升和人才吸引方面带来了很多正面的连锁反应。[①]明星、"大V"本身的优秀案例同时也为高校的正面形象打造加了分。在信息爆炸时代，信息传播和更替的速度快到让人觉得措手不及，"大V"们为何能做到意见被众多人所接受？很大程度上在于其拥有广泛的信息面和独到的时事解读能力，这些帮助他们塑造出值得让人信赖的形象。

正因为个体形象与整体高校形象难以割裂，因而要想做好危机事件的舆论引导工作，高校理应主动发现和培育一批具有公信力的校园"大V"，发挥校园"意见领袖"的作用。[②]例如，鼓励一些专业能力强、网络素养高的专家学者在网络平台开设专栏，在微博、微信、知乎等平台上开通账号，放大主流声音，传播正面形象，对网络上的错误思想、言论以及谣言等进行反击，积极有效地引导舆论，引领公众理性思考事件本质，理性面对事态的发展，从而挽回高校在舆情危机中遭受的损失，重塑高校正面形象。

（四）不囿于危机事件的舆论处理，主动出击打造高校特色正面形象

如果把高校看成"产品"，那么打造"一流产品"或者"名

---

① 王立伟：《公众明星员工：公司品牌双刃剑》，载《第一财经日报》2007年6月18日。
② 叶定剑、靖咏安：《对加强高校网络宣传思想工作队伍建设的思考》，载《学校党建与思想教育》2017年第4期。

牌产品"其实就变成了产品品牌化的过程。产品成就品牌，品牌引领产品。在这一视角下，再谈高校正面形象建设似乎就变得更加清晰。当下，现代大学之间的竞争不会停留在硬件设施和科研水平方面，更多的是声誉竞争，是建立自身良好的品牌和特色的竞争。[①]良好的声誉往往是一所大学能长期得到健康发展的基础，因此加强对高校声誉的管理、维护和研究就显得尤为重要。塑造高校形象，以此来帮助高校营造最佳的社会舆论环境，在竞争中得到不断提升，这已经日益引起人们的重视。

高校的正面形象经营必须从自身特色出发。高校的形象是在创建、发展过程中逐渐沉淀下来的。由于各高校拥有不同的文化传承背景，同时受到所处地区不同的人文历史景观和经济文化发展水平的影响，因此在正面形象的打造过程中，不存在千篇一律的模式。提起清华大学，你会想起它的特色录取通知书；而提起武汉大学，你就会想起它的樱花……2020年樱花季，正值疫情防控期间，武汉大学联合"快手"，进行"珞珈之春，樱花盛开"系列直播，在全平台掀起了一阵"武大樱花潮"，这便是结合高校特色与新媒体平台营造正面形象的典范。

品牌建设是一个长期的过程，在品牌形象基本树立之后，更重要的是进行长远规划。高校应打破"酒香不怕巷子深"的陈旧观念，不囿于危机事件的舆论处理，主动出击，不断创新宣传形式和内容，持续打造高校特色正面形象，牢牢掌握网络舆论场的主动权和主导权，让公众对高校本身形成一种正面积极的认知与

---

① 王程伟：《加强大学声誉管理至关重要》，载《社会科学报》2019年5月9日。

肯定，以此提升学校的公信力，塑造和维护学校良好的声誉。[①]
在舆情危机来临时，良好的声誉对学校的舆情应对非常有利，它
在一定程度上能够更好地缓解或者弱化不利的舆论给高校带来的
冲击与挑战。

---

① 王哲、何飞：《高校网络舆情危机演化及管理机制研究》，载《西南民族大学学
报》2022 年第 8 期。

第五章　师德师风类舆情需兼顾应对与防范

一、研究主题

随着时代的发展，师德师风这一与教育息息相关的话题，越来越受到大众的重视。习近平总书记在多个重要场合强调高校立德树人的重要性，如在全国高校思想政治工作会议上明确指出"高校立身之本在于立德树人"[①]。新时代，要想落实并贯彻好立德树人的根本任务，就要坚定不移地培养中国特色社会主义合格建设者和接班人，用良好的师德师风道德规范引领风尚。但近年来，越来越多的师生矛盾事件，尤其是师德师风失范事件，频繁触动公众的敏感神经，引起舆论的强烈反应。鉴于此，教育部于 2018 年 11 月 16 日颁布《新时代高校教师职业行为十项准则》《新时代中小学教师职业行为十项准则》《新时代幼儿园教师职业行为十项准则》，尤其是针对高校教师，更是提出了《教育

---

① 中华人民共和国教育部网站：《中共教育部党组关于学习贯彻落实全国高校思想政治工作会议精神的通知》（2016 年 12 月 23 日），http://www.moe.gov.cn/srcsite/A13/moe_772/201612/t20161223_292849.html（访问日期：2024 年 5 月 20 日）。

部关于高校教师师德失范行为处理的指导意见》。不难发现，师德师风建设已经成为高校至关重要的工作之一。弘扬模范，表彰先进，良好的师德师风道德规范有助于高校的口碑树立和文化传承；道德失范，舆论哗然，恶劣的师德师风舆情事件则会极大地损害高校的社会形象和社会声誉。

《新时代高校教师职业行为十项准则》明文规定："坚持言行雅正。为人师表，以身作则，举止文明，作风正派，自重自爱；不得与学生发生任何不正当关系，严禁任何形式的猥亵、性骚扰行为。"[①] 在此大背景下，2019 年 12 月 6 日，公众号"莫愁江湖"发布文章《独家丨曝光！上海财大会计学院已婚知名教授钱××在校园内公开将女学生锁进车内性骚扰》[②]，曝光上海财经大学钱××副教授猥亵女学生一事（以下简称"上财钱××事件"）。在师德师风建设日益迈上新台阶的重要时刻，上财钱××事件无疑点燃了民众的激烈讨论欲。该事件一经曝光就立刻成了网络舆论关注的焦点，一时间舆情反响不断，社会各界均高度关注。上海财经大学应对得当、反馈及时，充分利用舆情反馈的窗口，成功扭转了舆情场域的不利境遇，使得该起舆情事件在三天内得以平息。上海财经大学对于此事件的应对极具借鉴意义，为其他高校处理类似事件提供了宝贵的经验。

---

① 中华人民共和国教育部官网：《教育部关于印发〈新时代高校教师职业行为十项准则〉〈新时代中小学教师职业行为十项准则〉〈新时代幼儿园教师职业行为十项准则〉的通知》（2018 年 11 月 16 日），http://www.moe.gov.cn/srcsite/A10/s7002/201811/t20181115_354921.html（访问日期：2024 年 5 月 20 日）。

② 微信公众号"莫愁江湖"：《独家丨曝光！上海财大会计学院已婚知名教授钱××在校园里公然将女学生锁进车内性骚扰》（2019 年 12 月 6 日），https://mp.weixin.qq.com/s/bOhAKnuxjLDgCaWfhRvo-w（访问日期：2024 年 5 月 20 日）。

二、舆情事件生命周期

（一）舆情概述及生命周期

此次"上财钱××"舆情事件始于 2019 年 12 月 6 日。12 月 6 日晚，微信公众号"@莫愁江湖"头条发布了一篇文章，内容是一名为"空调 wifi 豆沙"的读者投稿；该读者自称是上海财经大学会计学院的一名硕士研究生，她用大量的聊天记录、录音及临床诊断书等作为凭证，指出在 2019 年 9 月至 11 月期间曾多次受到学院授课教师钱 ×× 的言语（聊天）骚扰，钱 ×× 甚至以讲解习题、课后辅导为由将其锁在车内实施猥亵和性骚扰。该文章一经发布，迅速引发网友关注，微信公众号文章阅读量在 3 小时内达到 10 万 +，其同步发布在微博账号"@莫愁有料"中的博文也得到大量转发、评论与点赞，转发量超 4 万、评论量超 3 万。一时间，微博、微信、知乎三大平台热度齐飞，该事件迅速登上微博热搜榜单前三名。

同日晚 9 时，距离文章发布一个半小时，上海财经大学便在其微博官方账号中发布情况通报，称"已注意到网络平台上出现有关我校教师钱某的师德师风问题信息，校方对此高度重视，立即成立调查组，展开调查工作"。9 日晚 10 时许，"@人民日报"微博账号发表微评指出："钱 ×× 是否涉嫌违法犯罪，或需司法机关介入。法治昭彰，岂可把学生当猎物？菁菁校园，绝不容师德败坏之徒！"[①] 如图 5-1，该事件微博相关话题 "# 上财教授钱 ××#" 阅读量 5.2 亿、讨论量 11.2 万，"# 上海财经大学回应疑性骚扰事件 #" 阅读量 4.7 亿、讨论量 5.7 万。

图 5-1 微博相关话题数据

本章以"上财钱 ××"为关键词，通过"新浪微舆情 – 全网事件分析"系统收集了自 2019 年 12 月 1 日至 2020 年 2 月 1 日的相关全网数据。舆情数据分析结果显示，本次舆情呈现快热快消的传播特点，舆情产生后热度急剧攀升，在迅速达到高峰后及时回落。关于该关键词的网络舆情数据共计 7136 条；全网信息量最高峰出现在 2019 年 12 月 7 日，当天共产生 4277 篇相关

① 人民日报微博号：《人民微评：为民除害，让"钱 ××"们付出代价》（2019 年 12 月 9 日），https://weibo.com/2803301701/Ik1agbR75（访问日期：2024 年 5 月 21 日）。

讯息，其中微博 4250 条，论坛 12 篇，新闻客户端 9 篇，微信公众号 5 篇，其他 1 篇。由此可见，微博是此次舆情事件发酵的主要舆论阵地。

纵观整个舆情周期，2019 年 12 月 6 日下午 6 点，《独家｜曝光！上海财大会计学院已婚知名教授钱 ×× 在校园内公开将女学生锁进车内性骚扰》的微信公众号文章及微博头条文章首次将事件呈现在公众面前；"性骚扰"等词的高敏感度、上海财经大学的名校效应以及民众关注的教育、师风师德问题，合力将话题的热度迅速推上高峰。12 月 6 日晚 6 点至 12 月 9 日晚 9 点，75 小时内，上海财经大学官方微博发布的两次回应有效控制了舆情热度，热度迅速消退。上海财经大学在第一次回应中宣布立即成立调查组，开展调查核实工作；并在第二次回应中，宣布对钱 ×× 的处理通报："根据国家和学校的相关规定，经研究决定，给予钱 ×× 开除处分，并按程序报请上级部门批准：撤销其副教授专业技术职务，撤销其教师资格。"[①] 1 月 19 日及 25 日的舆情波动主要源于新浪微博中"事件相关女生被迫退学"等言论的出现，在相关方及时辟谣后，舆情迅速消退。

本次舆情事件总体呈现出急剧上升、迅速平息的发展波动趋势，舆情的迅速平息主要得益于涉事教师所在院校的及时回应和妥善处理，这使得该事件并没有出现类似舆情事件发生后的拖泥带水现象；涉事高校的相关应对也得到网友较为正面的肯定，堪称当代高校处理师德师风丑闻的范本和表率。

---

① 上海财经大学官方微信号：《处理通报》（2019 年 12 月 9 日），https://mp.weixin. qq.com/s/104ACrvNDMWa0sn6acajCA（访问日期：2024 年 5 月 21 日）。

（二）舆情传播路径分析

在本次舆情的最高峰日，微博是主要的传播平台。图 5-2 具体展现了各个类型的媒体在此次舆情中发挥的力量：微博传播占到了总报道数的 92.3%，而其他途径均在 5% 以下，其中新闻客户端 4.1%、微信传播 1.7%。由此可见，此次舆情的传播中，微博传播起到了主力作用，网民主要通过微博转发、评论、参与话题讨论等方式来表达自己的意见。

在舆情传播的地域分布上，北上广是这次舆情传播的核心区域。"上财钱××"舆情在我国各省（自治区、直辖市）中呈现出不同热度，可以看到，广东省的相关舆情热度最高，为 991；

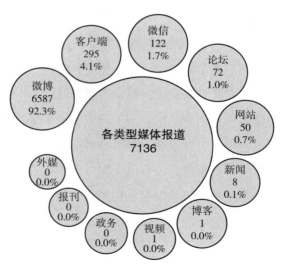

媒体来源占比

客户端 295 4.1%

微信 122 1.7%

论坛 72 1.0%

微博 6587 92.3%

网站 50 0.7%

各类型媒体报道 7136

新闻 8 0.1%

外媒 0 0.0%

报刊 0 0.0%

政务 0 0.0%

视频 1 0.0%

博客 1 0.0%

图 5-2 "上财钱××"舆情传播媒介差异

上海市、北京市热度紧随其后，分别为837、836，非常接近；除以上三个地区外，其他地区舆情热度分布平均，多在550以下。

北上广三个地区的热度之所以领先其他地区，原因之一在于这三地的新闻媒体资源较为丰富，传播范围广、传播能力强。此外，广东省、北京市亦有类似教授性骚扰学生的事件发生，相关地区的网民对于此类事件的高关注度也在意料之中。但观察本次事件热度区域分布可见，除以上三地以外，全国各地对于该事件的关注度都较为平均，整体事件在全国各地的关注度并没有呈现极度反差；究其原因，可能与本次舆情主要涉及的教育、师德问题本身就具有很强的民众关注度有关，地域并不会明显带来舆情热度差异。

如图5-3所示，进一步分析此次舆情传播中的关键词可以发现，"性骚扰""猥亵""教授""为人师表""北大"等是媒体及网民议论的高频词；钱××、受骚扰女生、北大教师冯××则是此次舆情中涉及的主要人物。网民在此次舆情中的讨论集中在三个方面：一是女性受到性骚扰时应有的自我保护措施以及相关法律保护；二是高校如何建设师德师风以及为何会有违规者出现；三是对于其他高校类似情况的反映，希望其他相关人物同样得到严惩。可以看出此次舆情中，网民的讨论不仅仅围绕事件本身，而是由此延伸至其他事件之中，并对相关社会治理提出要求，社会影响较为广泛。

图 5-3 "上财钱××"舆情传播关键词云

（三）舆情事件微博传播情绪分析

鉴于微博在此次传播中的主阵地地位，本章对该事件传播周期内微博平台上的公众情绪进行了监测与分析。根据该事件舆情发展及主要应对，舆情周期内有四个时间节点较为重要：一是12月6日事件初次被曝光，二是12月6日晚上财官博发布"正式成立调查组"，三是12月9日上财官博发布钱××被辞退的声明，四是12月16日教育部发声。本章分别以微博平台中事件爆料账号"@莫愁有料"以及对该事件讨论传播较具有贡献度的"@财入门""@封面新闻""@中国新闻网"三个账号的微博评论区依次作为四个时间点的样本框，从第2条评论开始抽取，每隔5条抽取一次，若遇无关的评论，如无关表情符号等，则依序抽取下一条；由于评论数量的差异，除"财入门"样本框抽取250条外，其余皆抽取200条。

如表5-1，本章将对样本框中舆论的情绪分为"支持""愤怒""焦虑""无所谓""中立"几类，其中将"支持"情绪归为正面，将"愤怒""焦虑"情绪归为负面，"无所谓""中立"情绪归为中立；再根据舆论所针对的主体的不同，将其划分为针对"教授""学生""上财""其他学校""教育体系及规定"与"其他不同主体"六类。

表 5-1 "上财钱 ××"舆情传播编码表

微博情绪	支持	愤怒	焦虑	无所谓	中立
教授	－	－	－	－	－
学生	－	－	－	－	－
上财	－	－	－	－	－
其他学校	－	－	－	－	－
教育体系及规定	－	－	－	－	－
其他不同主体	－	－	－	－	－

从调查数据中可以看出，在事件爆发后的一段时间内，本章所选择的样本框中有 77.5% 的微博评论表露出对"上财钱 ××"事件的负面情绪。具体情况见图 5-4。

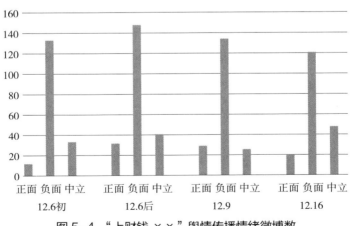

图 5-4 "上财钱 ××"舆情传播情绪微博数

12月6日，"上财钱××"舆情事件被各大媒体报道后，公众对此舆论事件的负面情绪急剧上升；12月6日晚21：05，上财官博发布"正式成立调查组"后，公众负面情绪达到峰值；12月9日，上财官博发布钱××被辞退的声明，公众负面情绪略有降低；12月16日，教育部发声，事件告一段落，伴随着舆情事件的热度消散，公众负面情绪尽管有一定的降低，但是仍旧远高于正面情绪；12月16日之后，由于此次舆情事件淡出公众视野，情绪比例基本维持不变。见图5–5。

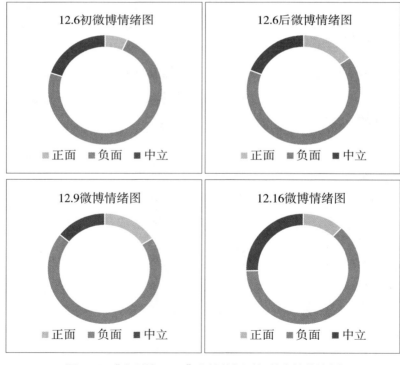

图5-5 "上财钱××"舆情传播时间节点情绪比例

在"上财钱××"舆情事件中，两个关键性的时间节点为12月6日晚21：05与12月9日晚21：07。上海财经大学官博的两次发声对该舆情事件中网民的情绪都产生了较大的影响。事件爆发初期，"愤怒—教授"的比例占总样本框的65.59%，"支持—学生"的比例为5.38%，"中性"的占比为19.89%。数据中可以看出，文章内受害者的详细描述很快引燃了网友对施暴者的愤怒情绪，舆论中的高频词为"恶心""斯文败类"等。值得注意的是，由于文章标题《"独家|曝光！上海财大会计学院已婚知名教授钱××在校园里公然将女学生锁进车内性骚扰"》中首先曝光了学校名称，因此首先引发了上海财经大学本校学生的关注。在事件爆发初期相关微博讨论中的，上财学子的发言占比很高。

从事件曝光至当天21：05，除了对于施暴者的愤怒情绪之外，网友情绪中，比例较高的是"中性"与"愤怒/焦虑—上财"。"中性"情绪占比高达五分之一，高频词为"上热搜""求彻查"。网友在等待学校的处理结果与处理方式期间，有着焦虑的情绪，如若学校处理不当，将会引发更高的负面情绪比例；其中有部分言论将对当事人的愤怒迁至对学校的质疑，为学校带来了一定的负面影响。

在事发当天晚21：05，上海财经大学官方微博发表声明："已注意到网络平台上出现有关我校教师钱某的师德师风问题信息，校方对此高度重视，立即成立调查组，展开调查工作。上海财经大学历来高度重视师德师风建设，对违背师德师风的行为绝不姑息，一旦查实，将依法依规严肃处理。"在校方发声之后，集中性的"愤怒—教授"情绪比例仍居最高，但已经下降至 33.62%；"支持—学生"的比例位居第二，为 9.48%。而校方官博的发声也让舆论针对主体"上财"的比例上升了 7.45%；同时，针对主体为"其他学校"与"教育体系及规定"的比例也有所上升。其中，针对"其他学校"的舆论情绪以焦虑为主，部分网友想在舆论热潮期间激发其他网友对于先前未被回应过的"北大事件""央美事件"的关注。上海财经大学在三个小时内的迅速回应，让"支持—上财"的比例上升至 4.58%，也出现了"给财大速度点赞""相信财大"等评论；然而，同时也存在着"为什么不交由警方调查？"这样的质疑之声。

12 月 9 日，上海财经大学官方微博发表声明，称给予钱 ×× 开除处分并撤销其教师资格。处理结果公布再次引发热议。而在声明后，舆论导向也产生了一定的变化，针对施暴者主体的舆论被分流至"上财"与"其他学校"两部分。短时间内的回应让"支持—上财"的情绪比例由原先的 5.60% 升高至总样本框的 11.50%。更值得注意的是，部分网民将上海财经大学与其他涉及相似事件的院校进行对比，导致"愤怒/焦虑—其他学校"的比例升至 10.50%。校方的声明正确回应了网友对处理的等待，原先针对学校的负面情绪由 6.03% 降为 2.50%。至此，本期舆情事件的波动热度逐渐降低。黄金 72 小时的官方处理速度，成功消弭了大部分网友对涉事高校的质疑、批判和不满情绪。

三、舆情事件分析

在"上财钱××"舆情事件中，上海财经大学官方以快速回应、采取严厉手段惩罚违规教授的方式赢取了网民们的好感，防止了舆论的持续发酵。对比之下，发生类似事件的其他院校，如北京大学等高校，其官方部门以及教育部的缓慢回应、模糊回应更加剧了网民对它们的负面情绪。总体之下，这次舆情因涉及事件类型、人物的高敏感性、强烈冲突性瞬间引发热度，但上海财经大学合理、迅速的应对使舆情迅速降温，也给类似事件的应对树立起一个"模范"形象，产生较好的反响。因此，高校可以从上海财经大学此次舆情事件的成功应对中吸取经验，共同打造风清气正且行之有效的有关师德师风丑闻的舆情应对机制。

（一）把握"黄金72小时"，快速回应退热潮

"黄金72小时"这一概念源于自然灾害的救援过程，即在72小时之内对于心理危机的干预往往十分有效；不仅在自然灾害中，人为事件中有效且及时的心理干预同样重要。刘正奎曾在《突发人为灾难后的心理危机干预与援助》一文中提道："突发人为灾难发生后，需要最大限度地减少灾难对人类身心健康的影响，提供急救和持续护理。为了将影响降到最低，必须实施心理危机干预和管理。"① 自然灾害中与心理危机干预相关的"黄金72

---

① 刘正奎、刘悦、王日出：《突发人为灾难后的心理危机干预与援助》，载《中国科学院院刊》2017年第2期。

小时原则"也同样适用于人为事件。

从"上财钱××"舆论事件的发展时间线来看，上海财经大学在事情曝光后的 75 小时内连续的两次官方回应十分及时地运用了这一原则，且两次回应之间间隔仅 72 小时，迅捷的回应速度对网民的情绪疏导产生了很大的正面影响。

此外，不仅在速度上，上海财经大学对此次事件处理的严肃程度同样对网友的心理变化起到了作用。从第一次回应中的"对违背师德师风的行为绝不姑息，一旦查实，将依法依规严肃处理"，以及第二次回应中的"给予钱××开除处分，并按程序报请上级部门批准：撤销其副教授专业技术职务，撤销其教师资格""对违反师德师风的行为始终坚持零容忍，坚决依法依规严肃处理"等内容可以看到，上海财经大学官方回应使用了较强的语气语势，并辅以能够给予的最高行政处罚决定，这样的严肃处理无疑获得了更多网民的支持。

在上述的数据中也可以看到，两次回应过后，网民对上海财经大学表达支持情绪的比例都有增加，最后升至约 12%。鉴于网友对于施暴者的负面情绪一直占据了此次舆情事件的大比例，这样正面情绪的升幅已经可以反映出上海财经大学此次处理舆情的成功。

（二）同类事件对比明显，网民对其他学校负面情绪上升

在信息急速传播的新媒体时代，越来越多的事件交织在一起，具有某些相似元素的事件则会自然聚集成为系列事件。公众会自然地在这些事件间进行联想与比较，对比则会放大某次事件

处理不当的后果，让公众产生更激烈的情绪。在"上财钱××"舆情事件中，关键词云中出现的"北大冯××""央美"等字眼无疑体现了这一点。这两起事件的发生时间都早于本次事件，但两所院校都采取了冷处理的方式。这一举措虽然有助于他们暂时性地回避了矛盾，给校方更多的时间，使得他们不必面临舆论峰值的压力，有充足的时间在舆情热度褪去后重新细致审视整起事件，并在事后给出合理回应。但回避性的处理方式往往会使得舆情周期较长，且网民负面情绪发酵得不到有效疏导，一旦出现新的舆情动因则会使舆情到达新的高峰并进一步加剧应对难度，事后也需要给出及时且妥当的解答和公告，否则再有类似事件发生时会被再度重提，加深负面印象。

"上财钱××"事件爆发后，上海财经大学的处理方式在公众心中留下了极深的印象，获得好感较多。对类似的事件，北京大学和中央美术学院两所院校的冷处理方式在对比之下则加剧了公众对于它们的负面情绪、降低了公众对它们的信任。在上文数据中我们可以看到，在上海财经大学第二次回应后，其他院校的负面情绪比例上升至 10.5%，分流了很大一部分原有的负面情绪。以北京大学为例，2019 年 11 月 20 日起即有人在网上爆料，直至 12 月 11 日做出正式回应，不仅迟缓，而且即使最终做出了回应，在公众心中也没有带来预想的积极效果。此外，后续陆续爆发的浙江大学"学生强奸"事件舆情调查中，浙江大学官媒最终回应日期为 2020 年 7 月 21 日，距事件爆发已过去了七十余天。在此期间，浙江大学的招生宣传片底下几乎是骂声一片，场面一度失控，运营紧急删评论控制场面。处理结果公布时，网上舆论声音几乎是一边倒的不信任，就连浙江大学的很多校友都表示无法接受母校这一处理结果，纷纷表示应该重启调查。

（三）黑箱心理效应作用，舆论主体对象发生改变

2019 年 12 月 16 日，教育部召开新闻发布会，宣布教育部、中央组织部等 7 部门日前联合印发《关于加强和改进新时代师德师风建设的意见》①。这一意见和 2018 年出台的高校、中小学、幼儿园教师职业行为十项准则结合在一起，构建起完备的新时代师德师风建设的制度体系。然而，这样一次针对师德师风建设的官方发布会——无疑是对于 2018 年所发布的《新时代教师职业行为十项准则》的补充，却因为与这样一个爆点舆情事件的相遇，引发了"黑箱心理效应"。②

那些对于一系列高校师德问题事件的未知情者，他们误以为此次规定的出台是再一次对于教师职业提出更高的要求。这也激起了教师群体以及家长、学生群体的激烈讨论。他们讨论的重点开始移至出台的规定以及教育体系："单方面约束教师，是让教师打不还手、骂不还口，现在很多教师都是弱势群体，好哦？""我是老师，我支持对教师职业道德严格要求，但不能道德绑架。""要求这个，要求那个，都能接受，我想问，工

---

① 中华人民共和国教育部网站：《教育部等七部门印发〈关于加强和改进新时代师德师风建设的意见〉的通知》（2019 年 12 月 16 日），http://www.moe.gov.cn/srcsite/A10/s7002/201912/t20191213_411946.html（访问日期：2024 年 5 月 22 日）。
② "黑箱心理效应"指的是当一个人所获得的确定性信息比较少的时候，往往容易作出负面的联想。

资啥时候提高？""给老师提要求的同时请一并提高老师的待遇。老师也是人，不是保姆。"上述皆是热门评论中比较具有代表性的言论。公众中知道此次规定更有可能针对的是一系列高校教师违反师风师德问题事件的知情者们，在评论区的力量微小，无法对事件舆论主体发生偏移的趋势产生影响。究其原因，群众负面情绪的再度上升或负面情绪针对对象的改变，责任并非来源于相关政策本身，而是由于"黑箱心理效应"的作祟。

（四）突发事件应对不易，展现舆情预警应对机制的重要性

董坚峰在其文章《基于 Web 挖掘的突发事件网络舆情预警研究》表明：突发事件可能在一定形势下由于其突发性、破坏性、公共性、复杂性、持续性高的特点转化为公共危机。此外，网友的评论亦会起到推波助澜的作用。网络又具有匿名性、跨地域甚至跨国界等多种特点，导致评论情绪化、非理性化的结果。[1]网络即时、快速、便捷，一旦碰到敏感程度高的话题，如本次"上财钱××"事件，便会快速传播，影响极大。因此，快速把握舆论风向、合理引导群众情绪、防止恶性言论散播、塑造官方和政府公信力将十分重要，而最关键的因素中便包含时间与速度。

因此，舆情预警应对机制便十分重要，因为它的作用是帮助相应主体赢得时间，以最快的速度对舆情做出反应；完善的舆情

---

[1] 董坚峰：《基于 Web 挖掘的突发事件网络舆情预警研究》，载《现代情报》2014年第 2 期。

预警机制能帮助涉事主体及时搜集信息，第一时间得知舆情消息。利用这种机制获得及时而又全面的信息是应对舆情事件的第一步。接着，舆情预警应对机制亦能帮助需求方分析判断舆情，通过分析舆情的基本热度、舆情的主要传播平台、舆情的主要传播地区等重要信息来帮助判断舆情事件的危机程度，从而为制订应对措施、做出相应的应对方案提供可靠参考。可以说，突发事件的应对的确不易，但是通过良好的舆情预警机制的帮助，可以更快速、更及时、更切中要害地解决问题。这也是舆情预警机制的重要性体现。

四、总结与思考

本章主要针对校园性骚扰这一近年来屡次发生的负面师德师风类事件的相关舆情发展及应对展开了一些研究。针对该类事件的应对表明，高校作为应对主体，积极应对舆论、负责任地调查和处理是高校身陷舆论漩涡时转危为机地挽救形象的正面做法。从长远来看，对于高校师德师风类负面舆情，应当以防治为主、应对为辅，首先是通过制度设计和机制完善来防治此类事件的发生，这样既保护了学生的权益，也从根源上避免此类负面舆情的发生。一旦事件已经出现、负面舆情已经产生，主动作为、严查严办则是高校对于师德师风问题处理的应有之义，也能够最大程度上减少校方损失。从舆论场来看，运用媒体、"大 V"的力量积极主动地引导也是纾解舆论场负面情绪、释放客观讨论空间的路径之一。

（一）官方回应需谨慎且及时，利用"黄金72小时"修复形象、转危为机

习近平总书记在中央网络安全和信息化领导小组第一次会议上指出，"做好网上舆论工作是一项长期任务，运用网络传播规律，把握好网上舆论引导的时、度、效"①。这一精辟论述揭示了新闻传播的内在规律，对新形势下舆论引导工作作出了新概括，提出了新要求。舆论回应理应保证时效性，只有关键时刻及时发声才能有效疏导负面情绪。

教师作为学术个体，其负面行为很容易让其所在的单位"背黑锅"，形成舆论联想刻板印象。对此次舆情事件，本章通过对钱××行为所导致的公众情感波动进行分析，不难发现公众除对钱××本人出现压倒性的负面情绪外，这种负面情绪在初始阶段也存在一定程度的"恨屋及乌"，上升到学校的整体层面。学校后续形象的修复是舆情应对过程中不可缺少的重要组成部分，假如官博回应表述不恰当或回避关键问题会导致学校负面形象进一步加重。同理，谨慎而具有时效性的发言则能修复形象、转危为机。上财在这一场考验中，遵循了72小时原则，没有回避而是选择直面问题本身，不姑息、不包庇、不拖延，切实且有力地维护了自身形象。

---

① 新华网：《习近平主持召开中央网络安全和信息化领导小组第一次会议强调 总体布局统筹各方创新发展 努力把我国建设成为网络强国》（2014年2月27日），http://www.xinhuanet.com//politics/2014-02/27/c_119538788.html（访问日期：2024年5月23日）。

企业、高校、组织都应对影响声誉的个人事件及时处理，快速与明确的回应可疏导舆论情绪、扭转舆论导向，甚至可能让危机成为维护形象的一次机会。同时，组织也应提前制定网络舆情应急预案来应对突发事件，做到有备无患。本研究认为，官方回应稳住"民心"的关键主要有两点：第一，官方回应中应展现温度与关怀，展现官方信息发布账号背后的情感关怀与人文温度，为后续实际工作赢取公众信任打好基础。人民网舆情数据中心舆情分析师钟新星表示："官方回应的温度与信息准确、事实细节同等重要，在舆情处置过程中具有重要意义。"① 例如，突发事故一旦出现人员伤亡情况时，相关部门应将伤员的救治和安抚工作作为处理事故的首要任务，展现出对于每一个生命的尊重与珍惜，而后才是对相关事故情况的调查及后续的追责。第二，在舆情引导处置中，表明态度、展现诚意能够较好地安抚舆论情绪，营造良好的舆论氛围。例如，如果相关事件是人为原因造成的，官方回应中就应表明对事故具体原因的尽快追查与对相关责任人依法依规严肃问责的态度，而不是回避和冷处理，由此展现相关部门直面问题、严肃对待、绝不姑息的决心和诚意。此外，能够起到社会舆论的说服和引导作用的语言一定不是官话、套话、冷冰冰的话语，而应该是有温度、讲温情、令人深感温暖的。只有在情感共振、关系认同的基础上，道理与事实才会被广大人民群

---

① 人民网：《舆情引导处置 46 式——官方回应要有温度》（2020 年 9 月 11 日），http://sd.people.com.cn/n2/2020/0911/c373025-34286844.html（访问日期：2024 年 5 月 23 日）。

众"入耳、入脑、入心"①。

（二）直面舆论、正确回应比回避舆论、含糊其词更利于舆
论情绪的疏导

许多组织在舆情事件发生时，往往选择冷处理，全程无视舆论，等待舆论发酵周期过去之后自然冷却。这种方式固然不会在舆情发酵期内"添一把火"，但仍留有较多隐患。一是即便舆论热度会随时间散去，但负面情绪在消散期后仍有较大可能会在同类事件发生时再度爆发。二是舆论爆发时，官方预判错误，选择失声，就意味着放弃了"负面标签"的摘除机会，甚至失去对舆情发酵过程中随之而来的谣言进行有效澄清的最佳时机。同时，针对个体的愤怒与焦虑会迁至对"官方失声"的埋怨，甚至可能激发比原先针对施暴者的更高的负面情绪。

本次舆情中，网民对于上海财经大学和其他高校之间的情绪对比也恰恰说明以上问题。校园性骚扰问题近几年来已成为网络舆论场较为关注的话题之一。一方面是线下校园性骚扰问题屡见不鲜；另一方面则是女性权益等话题也逐渐成为当前舆论场的热议话题之一，更多年轻群体开始关注此类话题。一项针对广州高校校园性骚扰的发生情况的调查中，"1062 名学生中，169 名（15.91%）报告曾在大学校园中受到性骚扰，其中 151 名在近 1 年内遭遇了校园性骚扰。169 名受害者中，女生 122 名，性骚扰

---

① 喻国明：《官博"管理革命"：立场、魅力、底线》，载《人民论坛》2012 年第 30 期。

报告率为 20.30%；男生 47 名，性骚扰报告率 10.20%"①。可见实际生活中也存在一些相似的事件。在上海财经大学官方回应微博以及教育部回应微博下，都有一定比例的评论在表达对多月前的"央美事件"与"北大事件"的负面情绪。在教育部对多起校园性侵事件的统一回应中，舆论主体由原本的上海财经大学延伸至众高校，进一步引发网民对于上海财经大学严肃明确的处理方式与其他高校的"含糊其词"进行对比。

（三）规范新闻报道，发挥官方媒体舆论引导作用

当人人都有权发声时，舆情引导和安抚的对象便显得更加分散且飘忽，此时官方媒体一锤定音、汇聚民意、引导方向的作用便尤为凸显。在上海财大这次舆情事件中，官媒在信息公开后率先且及时地和网友进行良性互动，有力地引导了舆论动向。例如，在 9 日晚 10 时许，"@人民日报"发表微评，直指"钱××是否涉嫌违法犯罪，或需司法机关介入。法治昭彰，岂可把学生当猎物？菁菁校园，绝不容师德败坏之徒"。该条评论平息了部分网友的质疑，将舆论关注重点引导到"求调查、求真相"的轨道上来，避免了铺天盖地的无意义谩骂。

网络已经成为当前意识形态斗争的主战场与最前沿，而网络舆论又是当前意识形态交锋的必争之地，网络舆论直接影响着人们的思想观念和价值取向②。在网络舆论的发酵过程中，政府相

---

① 陈新、黄冰、邱倩文等：《广州大学生校园性骚扰发生现况》，载《中国学校卫生》2021 年第 3 期。
② 刘力锐：《基于网络政治动员态势的政府回应机制研究》，东北大学出版社 2012年版，第 35–36 页。

关部门和官方媒体应端正态度、站稳立场、主动作为。一味地只靠个人意志的主观判断与片面解读并不能让舆论走向正面化，舆论事件需要官方的发声，需要合理、公开的引导。2016 年，国务院办公厅就发布了《关于在政务公开工作中进一步做好政务舆情回应的通知》，通知中明确要求各级政府及其部门要高度重视政务舆情回应工作，切实增强舆情意识，建立健全政务舆情的监测、研判、回应机制，落实回应责任，避免反应迟缓、被动应对现象。[1] 由此可见，政府部门及官方媒体根据舆情事件中的自身的角色、地位和意义，主动出击、主动应对，是当前舆论事件应对与引导的应有之义。

（四）培养互联网立场正确、责任感强的主动型意见领袖

在当前的网络舆论场中，在政府部门、官方媒体之外，还有一个引导舆论的中坚力量，那就是某些网络"大 V"。政府部门和官方媒体由于各种原因，可能会在舆情发酵期间处于"被迫失声"状态，如相关部门恰是舆情事件涉事相关方，回应不具客观性，或相关部门暂未掌握事件全貌，不便发声以免丧失权威性等。此时引导网民理性思考与发声，避免出现网民情绪失控或谣言肆意滋生等恶化舆论状况的主要力量应是某些网络"大 V"。某些网络"大 V"他们由于其高活跃度以及与网民之间的活跃互动，或是由于其第三方身份，往往在舆论发展中较易取得网民的

---

[1] 国务院公报：《国务院办公厅关于在政务公开工作中进一步做好政务舆情回应的通知》（2016 年 7 月 30 日），https://www.gov.cn/gongbao/content/2016/content_5106184.html（访问日期：2024 年 5 月 23 日）。

认同和信任，其对网络舆论的引导甚至可以有事半功倍之效。但遗憾的是，当前网络"大V"群体良莠不齐，部分账号追求"流量效应"与经济效益，其观点不仅不客观理性，反而在舆论事件中发表一些极端观点引发网民"互撕"，或是为迎合受众发表情绪化、极化观点，或是其本身立场不正、导向不明，动辄"带节奏"。此类网络"大V"不仅没有对舆论事件的舆情发酵起到正向引导作用，反而推波助澜、搅浑了整个舆论场。

鉴于此，为了更好发挥网络"大V"作为当前网络舆论场中政府部门与网民之间的"缓冲带"作用，对当前网络"大V"应当积极追踪观察、理性分辨，对不同类型的网络"大V"分类对待、"奖惩分明"。对于那些政治立场坚定、社会责任感强、观点理性客观的意见领袖，应加以积极培养与接触交流，必要时可请他们在舆论场充分发挥引导作用。而对于那些经济效益至上、功利化倾向明显或本身立场不正的网络"大V"，则应当加以持续监督，并对其发布的"带节奏"内容予以限流或删除，避免其负面影响的扩大化。此外，除积极培养已有的正向意见领袖之外，相关宣传及舆情引导部门可探索培育自身的账号，避免事到临头"无人可用"的境遇，充分为自身宣传及引导充实力量。

（五）师德师风类事件防范根源在于线下治理

近几年来，网络曝光的高校师德师风类舆情事件可以说是层出不穷，既有导师过度压榨学生导致学生不堪重负发生悲剧的，也有类似于此次的校园性骚扰事件的，还有高校教师学术不端等事件。此类事件一旦发生，不仅是身涉其中的受害者受到极大伤害，牵涉其中的高校也会经历巨大的形象危机。且此类事件接二连三地曝光，也严重影响了民众对于教书育人的高校及教师群体的信任。及时应对、转危为机固然值得肯定，但如若能从根源上减少甚至杜绝此类事件的发生，才是治本之策。我国接连出台的各项规章制度以及对于师德师风失范事件的通报批评，也表现出了对于此类事件的"零容忍"态度。

高校师生地位的不对等、性骚扰等问题的调查取证较为困难、对于此类事件如何防范与应对的宣传不够到位、事后的反馈及处理渠道不够畅通等个性因素的集合造成了当前我国高校师德师风类负面事件的防治困境。对高校师德师风类事件的防治最终还是要由法律法规的完善与高校自治的规范等形成合力。一方面，在法律法规的体制构建上，不仅仅是高校教师行为规范的出台，还应当针对高校性骚扰、师生关系不对等造成的权力失范等问题完善相关法律和法规，并探索建立法律救助渠道，减少受害方维权成本，让受害方借助法律手段维护自身权益。另一方面，高校的自治及管理应当紧跟当前问题，探索解决及防范此类事件的机制。一是做好事前的宣传及教育工作，不仅是针对学生群体，高校也应当对教师群体进行宣讲，确保学生和教师都充分认识到师德师风问题的重要性；二是要探索建立校内的师德师风类问题反馈及查证机制，对于此类问题做到零容忍，一旦遇到此类问题的举报或者线索，应当积极查证，在查清事实的基础上，坚决依照相关法律法规处理，不因此类问题可能影响学校形象等原因选择遮掩、息事宁人等处理方式。对于情节严重或者涉嫌犯罪的，应当请教育主管部门或司法机关介入处理，对于有师德师风问题的教师则应按照相关规定予以惩戒。只有在校内校外形成事前防治、事后严查的机制和合力，才能最大程度上杜绝此类恶性事件的发生，让校园成为学生和教师群体安心学习、安心施教的净土、乐土。这也是各大高校师德师风建设的最重要目标。

第六章　热点突发事件的公众情绪与舆论疏导

一、研究主题

公共突发事件的发生总是会引起广泛关注和讨论，导致某一类问题暴露在公众的视野中，引发舆论情绪的发酵与传播。如果网络各主体能在互联网上有序发声，推动诉求落地，引发有关部门重视，将会较好地推动该类问题的解决，防范相关事件产生不利的社会影响。如果网络中充斥着非理性化的情绪宣泄和杂乱无序的情感谩骂，则将使真正有意义、有思考深度的建议石沉大海，久而久之，将形成一个不利于社会问题解决的负向闭环。

在公共突发事件中，公众人物的意外死亡是其中的一个典型。公众人物一般具有特定的行业属性，并且拥有一定量的粉丝，他们的意外死亡总是会在互联网上引发网民热议。以高以翔猝死事件为例，2019 年 11 月 27 日凌晨，演员高以翔在录制综艺节目《追我吧》时跌倒[①]，因心源性猝死，抢救无效

[①] 小红书：《你对明星参加综艺节目出现意外这件事如何看待？》（2019 年 11 月 28 日），https://www.xiaohongshu.com/discovery/item/5ddf431c0000000001009fbb（访问日期：2024 年 6 月 5 日）。

去世。自事件发生以后的半年多时间里，有多个主体对本次事件进行发声，其观点各有侧重，引发网民多样化的情绪与评论。

但是，受各大网络舆论主体的影响，网民发声在凝聚成合力的方面仍有较大改进空间。官方在微博上的回应也由于时效性不足、话题发酵快速等因素，未能很妥善有序地对网民进行舆论疏导，未能一锤定音地对事故归责问题定性。此次事件的舆论中，既有积极正面的、从善如流的声音，也有模糊焦点、另有企图的噪声，这为进一步了解网民情绪、研究如何更好疏导网民情绪提供了较具代表性的现实案例。

因此，本章利用网络分析工具获取网络数据，聚焦于大众网民、网络"大V"、官方媒体和涉事单位在该事件下发声的正向作用或不足，旨在探究在面对新兴的网络舆论平台和新兴的网络讨论环境的大背景下，当突发事件发生并映射出一些社会问题时，大众网民的声音如何绕开"乌合之众"的陷阱，进而凝心聚力，汇聚成推动社会进步的大合唱。

二、研究设计

（一）研究对象

本章选取微博作为研究高以翔事件的平台，选取依据为2019年11月27日在微博平台上本次事件的数据量占了总体数据的86.85%。（见图6-1）因此，以重要微博下方的网民评论作为研究对象。

新浪微博平台是网民进行内容创作和信息分享的网络媒体和平台。它的主要功能是实现用户之间的信息获取、事件分享、舆论传播。用户可以通过微博平台创作和发布微博，并附加图片、视频等多媒体形式的内容。同时，微博平台具有公开的特点，用户之间可以通过互相关注进行信息的获取和流通。

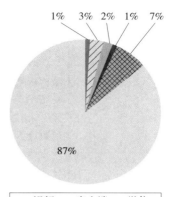

图6-1 2019年11月27日"高以翔猝死"事件话题讨论平台分布①

本次"高以翔猝死事件"在微博平台上以＃高以翔＃、＃猝死＃、＃心源性＃、＃骤停＃、＃视频＃、＃艺人＃、＃节目＃等为核心关键词，显示出网友对高以翔去世事件的较大关注。

（二）指标设计

本章设计了如表6-1所示的指标，依据为自"高以翔猝死事件"发生以来，微博平台上有关该事件的微博内容。

---

① 优讯舆情：《35岁演员高以翔节目中猝死，全网泪奔》（2019年11月27日），https://card.weibo.com/article/m/show/id/2309404443300412129438?_wb_client_=1（访问日期：2024年6月5日）。

表 6-1 监测指标说明

指标	指标阐释	监测目的
微博内容	微博内容是指微博用户所发布的与"高以翔猝死事件"相关的文字、图片、视频等消息内容	微博内容开头会以"##"或"【 】"的符号注明词条消息的主题和相关话题。微博内容及发布日期的完整记录可以体现出本次事件态势的发展以及特定时间点下舆论的态度,对比不同时间点微博内容的变化有利于更清晰地理清事态发展的逻辑线
日期	日期是指微博用户发布该条微博消息的日期	
时间	时间是指微博用户发布该条微博消息的具体时间	
微博评论	微博评论是指其他微博用户对于本条微博的评论,本次对于每一条考察微博分别以"按时间顺序"和"按热度顺序"每隔20条截取1条的形式收集100条评论,旨在防止控评的出现	评论是微博用户与其他微博用户直接对话的重要表现形式,体现微博传播的深度。深度是指微博内容的纵向剖析,对于话题内涵的理解[1]

　　本章为便于对每条评论内容进行统计比较,尝试对内容做出概括并开展类型学划分,将评论内容合并同类项。经过整合,所有评论内容共分成七大类,按类别定义每一类所涵盖的具体内容,分类及定义如表 6-2 所示。

---

[1]　赵阿敏、曹桂全:《政务微博影响力评价与比较实证研究——基于因子分析和聚类分析》,载《情报杂志》2014 年第 3 期。

表 6-2　微博评论内容分类定义

序号	类别名称	定义内容	代表性微博文本
1	辱骂	出现侮辱性词语两次或两次以上	"第一时间他还会离开吗？滚"
2	问责	出现"追究责任"或者"抵制"等关键词	"对你做不了什么，但是最基本的抵制还是做得到"
3	惋惜	出现"英年早逝"以及其他带有悲伤情感的词语	"高高非常想你"
4	理性分析	对以后如何避免此类事件再次发生提出的相关意见	"恳请全社会能关注并重视心肺复苏急救知识的重要性，国家能否将 11.27 号定为心肺复苏日，这样能更好普及心肺复苏急救知识，这可以挽回很多生命，不让悲剧一次次上演"
5	仇视	出现讽刺类的词语	"拿那么多钱，还要你躺着送你手上？扪心自问你何德何能？网络暴力也是工作范围内的？说得好像其他行业都高高在上不受一丁点委屈似的。不知道你矫情什么"
6	赞赏感谢	出现"谢谢""支持"等其他正能量的词语	"谢谢徐峥先生为高高发声"

（三）数据监测时段

"高以翔猝死事件"为突发事件，相关舆论在事件被曝光后的短时间内迅速、大量传播，而后热度退散，相关舆论呈断崖式骤减。因此，本案例在数据监测的时间跨度上，选取了 2019 年

11 月 27 日至 2019 年 12 月 26 日的数据。11 月 27 日事件发生并曝光，而后热度骤升，到 12 月 26 日热度逐渐平息，其间包含引起本事件舆情热度波动的几个重要时间点以及相应的代表性微博，以保证本次研究的完整性。

三、舆情数据概览

（一）热度趋势概览

2019 年 11 月 27 日凌晨，演员高以翔在录制浙江卫视《追我吧》节目中倒地，被送往医院后，因心源性猝死抢救无效去世。如图 6-2 所示，舆情产生后迅速达到高潮，在 2019 年 11 月 27 日内创下热度最高峰，此后在 2019 年 11 月 28 日和 29 日，相关舆情热度开始迅速消退。2019 年 11 月 30 日开始，相关舆情的热度开始阶梯式消退，在 2019 年 12 月 14 日至 2019 年 12 月 26 日，热度小幅上涨并保持。

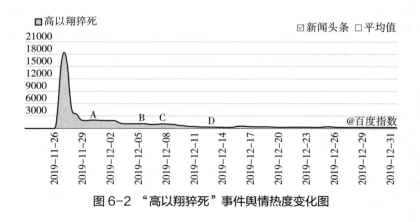

图 6-2 "高以翔猝死"事件舆情热度变化图

1. 舆情峰值：演员晕倒微博迅速引发热议

2019 年 11 月 27 日凌晨 3 点 34 分，微博知名博主 "@吃瓜群众 CJ" 发表微博称 "演员高以翔在录制浙江卫视《追我吧》节目时晕倒，被紧急送往医院后情况严重"，受到不少网友的关注[①]。随后 "高以翔晕倒" 的微博受到广泛传播，#高以翔怎么了#迅速登上微博热搜话题榜，截至 2019 年 11 月 28 日 9 时，该话题的阅读量超过了 10 亿。2019 年 11 月 27 日中午 12 点 23 分，浙江卫视《追我吧》官方微博 "@追我吧" 发表声明，确认了高以翔在录制《追我吧》节目时突然倒地，后被送往医院抢救无效的消息。一时间#高以翔去世#话题迅速成为微博热搜榜首，截至 2019 年 11 月 28 日 9 时，话题阅读量已超过 42 亿，话题评论数超过 141 万次。自 2019 年 11 月 27 日零时至 2019 年 11 月 27 日下午 4 时 41 分，全网有关本事件的信息有 33416 条。事件发生当日，其热度走势如图 6-3。

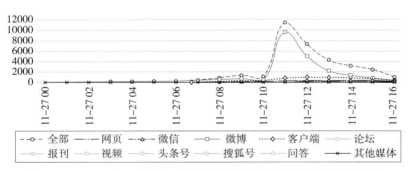

图 6-3　2019 年 11 月 27 日当日 "高以翔猝死" 事件热度走势图

①　新浪微博：《高以翔的情况很严重》（2019 年 11 月 27 日），https://weibo.com/1885688010/Ii4LRjLif?filter=hot&root_comment_id=0&type=comment（访问日期：2024 年 6 月 5 日）。

事件自 2019 年 11 月 27 日早 6 时起在网络流传，到 11 时官方证实消息属实时，热度达到顶峰，随后热度逐步降低。截至 2019 年 11 月 27 日下午 4 时 41 分，在本次事件中，"高以翔""浙江卫视"出现频率最高；其次，"综艺节目""心肺复苏"等词语也成为热门主题词。（见图 6-4）这些热词足以显示出以下三个问题：（1）谁应该为高以翔的死负责任，责权归属如何划分；（2）一档综艺节目为何使一个正值大好年华的青年英年早逝；（3）本次事件是否因心肺复苏不及时，相关知识不普及，而导致了悲剧的发生。

图 6-4　2019 年 11 月 27 日当日"高以翔猝死"
事件热词词云图

2. 热度下降，公众视线被打乱

图 6-2 反映出，舆情热度快速消失后，开始了一段阶梯式的缓慢递减的过程，本研究截取了相关重要节点的代表性报道。报道内容的多样性、报道主体的繁杂性，均体现出网民的关注点并没有集中在 11 月 27 日词云图体现出的关键词上，而是更多关注与本次事件无关的其他主体。

A 点为 2019 年 11 月 30 日，舆情热度开始保持一段时间的水平，其代表性报道为"是高以翔猝死，还是娱乐至死""高以翔猝死事件后《追我吧》本周停播""高以翔猝死离世，新剧还未播竟成遗作，女主发文悼念高以翔"。

B 点为 2019 年 12 月 5 日，舆情热度处于缓慢下降的第二个阶段。此时的代表性报道为"浙江卫视永久停播《追我吧》""还原高以翔猝死过程""高以翔猝死事件公众认知：要安全，不要带血的收视率""浙江卫视回应高以翔猝死争议"。

C 点为 2019 年 12 月 7 日，舆情热度处于缓慢下降的第二阶段末尾。此处代表性报道为"有关人性的连锁反应！网曝华少将辞职""高以翔猝死第 11 天：浙江卫视再引外媒关注""亲历高以翔猝死事件后，华少否认从浙江卫视离职"。

D 点为 2019 年 12 月 12 日，舆情热度降至最低。此时代表性报道为"高以翔猝死后，又一女星凌晨心脏剧痛送急诊"。

在热度下降以后，网民关注的重点不再是事件发生当日所关注的问题是否得到了相应的解答。除了 B 点"高以翔猝死事件公众认知：要安全，不要带血的收视率"之外，其余关注点分散在"高以翔遗作""亲历本次事件的人做出如何回应""本次事件给亲历者造成了哪些影响"等话题上，均没有反映出网民对于本次事件的反思，以及如何防止类似悲剧再次上演的倡议。

（二）不同主体针对本次事件发声的研究

1. 演员：仗义执言争议少，模糊焦点激愤多

在 2019 年 11 月 27 日晚 9 时，部分演员为本次突发性事件

发声，但发声内容却大有不同，可分为两大类。第一类，以演员张雨绮为代表，认为本次事件暴露了演员行业工作时间过长，安全保障并不完善等弊病，将演员归为"高危职业"；第二类，以演员徐峥为代表，对年轻生命的逝去表达惋惜，并希望追究浙江卫视的责任。本章随机抽取了"@张雨绮"（见图6-5）于2019年11月27日21点39分以及"@徐峥"（见图6-5）于2019年11月27日14点58分发布的微博下方的200条评论。

 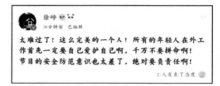

图6-5　张雨绮及徐峥微博截图

对比张雨绮和徐峥的微博情绪图（见图6-6）可见，张雨绮微博下方，网友进行客观分析并且分析对象仍然是"高以翔猝

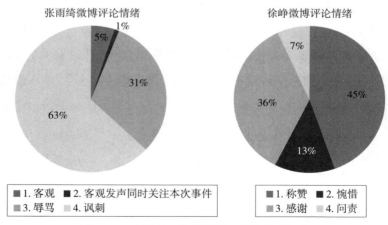

图6-6　张雨绮及徐铮微博评论情绪分析图

死"事件的评论数占比仅为1%。网民针对呼吁"给明星减负"的发声主体不仅极大地减少称赞和感谢，其评论的重点不再是对于高以翔事件的问责，而且"讽刺""辱骂"等非理性情绪表达大大增加。评论重复度高的内容也由"急救方式普及""节目组负责"转变为"艺人吃人血馒头""明星模糊焦点""电视台维护形象"等。类似的评论蔓延到多位艺人的相关微博下，情绪激愤。

2. 主流媒体：事件定性明责任，情绪纠正引深思

本次突发事件，受逝者为知名演员的影响，各大主流媒体也报道了"高以翔猝死"事件，但报道之角度各有不同。媒体报道的观点大致可分为以下两类：

第一类，点出本次事件暴露出的当前社会有关急救措施的缺少，其报道重点为，如何普及相关急救措施使悲剧不再上演，例如"@人民日报"在2019年11月27日发布微博："# 你好，明天 # 谁都不愿看到意外的发生，但现实却在提醒我们，猝死并不遥远。普及急救技能、设施是当务之急。"①

第二类，点出本次事件暴露出的当前社会以利益为先、工作时间没有保障、加班成为常态等一系列问题。报道的重点是，综艺节目为博眼球以生命博取经济利益。例如"@澎湃新闻"在2019年11月27日发布微博"【马上评 | 综艺狂飙突进背后的高以翔猝死】"。

---

① 新浪微博：《今天，一则青年演员突然离世的消息令无数网友唏嘘》（2019 年 11 月 27 日），https://weibo.com/2803301701/IicIAt9oa?filter=hot&root_comment_id=0&type=comment#_rnd1590672161087（访问日期：2024 年 6 月 6 日）。

以下对于主流媒体对此事件发声的分析，以"@人民日报"在 2019 年 12 月 1 日发布的微博"#白岩松评论高以翔事件：一边是担心，一边是痛心#"①以及"@澎湃新闻"在 2019 年 11 月 27 日发布的微博"【马上评 | 综艺狂飙突进背后的高以翔猝死】"②为研究主体，随机抽取其下方 100 条评论，统计分析结果如下：

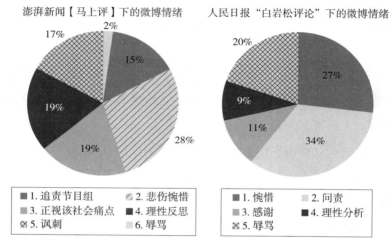

澎湃新闻【马上评】下的微博情绪   人民日报"白岩松评论"下的微博情绪

图 6-7 "@人民日报"及"@澎湃新闻"微博评论情绪分析

从图 6-7 可以看出，"@人民日报"对于本次事件暴露出的社会对急救设施的设置仍不到位的发声与定性扭转了网民情绪激化的趋势，舆论重点回归于"节目组、电视台问责""急救措施、

① 新浪微博：《#白岩松评高以翔去世#：一边是痛心，一边是担心》（2019 年 12 月 1 日），https://weibo.com/2803301701/IiJ0AgjUB?filter=hot&root_comment_id=0&type=comment（访问日期：2024 年 6 月 6 日）。
② 新浪微博：《马上评 | 综艺狂飙突进背后的高以翔猝死》（2019 年 11 月 27 日），https://weibo.com/5044281310/Ii8JDxkCo?filter=hot&root_comment_id=0&type=comment（访问日期：2024 年 6 月 6 日）。

机制的普及改善"等正向讨论，非理性辱骂比例大大减少，理性分析的比例较之于事件开端和明星发声阶段显著提高。

"@澎湃新闻"则从当代社会的痛点"经济利益的重压下，员工工作时间无保障，猝死事件屡见不鲜"出发结合"高以翔猝死事件"进行了分析，其微博情绪中"讽刺"及"辱骂"占比总和不到20%，体现了网友的评论更加趋于理性。虽然对本次突发事件感到惋惜的情绪依然占比最高，但大部分网友正视这个各行各业中都存在的痛点，并开始就如何解决这个长期存在的弊病出谋划策。网民的评论开始趋向于建设性和实践性，不再只是单单的情绪宣泄、人云亦云。

3. 有关协会及部门：坦荡承认赢民誉，避重就轻失民心

2019年11月28日，"@中视协演员工作委员会"的微博以"科学安排珍爱生命，拒绝过度疲劳工作"为题，发出"以人为本、科学计划、合理安排，尽量减少持续性、高强度安排工作，确保广大演员的充分休息时间，确保他们的身体健康与人身安全"的倡议。[①] 这无疑是行业协会对长期存在于本行业的"工作时间没有保障"等一系列弊病的公开承认，并且为避免类似事件再次发生提出了建设性的意见。

2019年12月26日，在国家卫健委例行发布会上，有记者问及高以翔录节目猝死事件。海南医学院党委书记、中华医学会急诊医学分会候任主委吕传柱称，猝死的预防一方面需保持良好的生活习惯及适量的体育锻炼等，另一方面需做好心肺复苏的公

---

① 新浪微博：《科学安排珍爱生命，拒绝过度疲劳工作》（2019年11月28日），https://weibo.com/2245175993/IigRifvxo（访问日期：2024年6月6日）。

众普及、公众场所 AED 的投放，"很多猝死是可以挽回的"①。一时间，"#卫健委回应高以翔猝死事件#"登上热搜。

本研究从"@中视协演员工作委员会"关于"高以翔猝死事件"通报的微博下方评论，以及"@新京报"关于"卫健委评高以翔事件"的报道下网友评论中，各随机抽取 100 条评论，分布图见图 6-8。

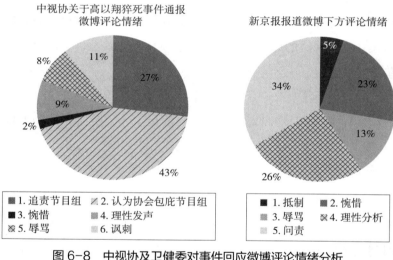

图 6-8　中视协及卫健委对事件回应微博评论情绪分析

中视协微博下方的评论情绪中，负面情绪的占比为 90% 以上，且其评论的重点从以上的"追责节目组""惋惜"改变为"攻击中视协"，网民评论所表达的情绪再一次发生了偏移。并

① 新浪微博：《#卫健委回应高以翔猝死事件#：很多猝死可挽回 应普及心肺复苏》（2019 年 12 月 26 日），https://weibo.com/1644114654/ImxUhjOpB?type=comment（访问日期：2024 年 6 月 6 日）。

且 43% 的网友都认为，中视协在包庇浙江卫视节目组，本次声明也是意在模糊责任归属，将本次事件的责任归属从浙江卫视转移到了死者本人。其中，一些网友甚至提出了阴谋论的观点。而仅有 9% 的评论是理性地发声，认为中视协关于本次事件的声明及提出的措施是可行且有效的并表示支持。

本章分析"@新京报"报道的"卫健委回应高以翔猝死事件"微博评论情绪后，得出相关结果，具体见图 6-8。显而易见，在近一月的平静与沉淀之后，网友的评论重点再一次回归到"抵制浙江卫视""向浙江卫视问责"。网友的情绪分布无过多变化，问责与惋惜的情绪仍然占据了评论中网民情绪的一半。但是值得注意的是，评论中重复度较高的词条由之前较多的"问责""回应""抵制"变成了"猝死急救挽回""AED 投放"。可见，这一回应促进了网民向"如何改善这一问题，避免悲剧再一次上演"等问题的转移与讨论。

（三）后续反馈

2020 年 1 月 11 日，北京市十三届三次政协会议上，北京市政协委员、阜外医院主任医师敖虎山表示，高以翔猝死事件引发大家关注，但其实猝死事件常有发生。他介绍，中国心肺复苏普及率不到 1%，希望北京市委、市政府能够予以重视，借冬奥之光提高心肺复苏普及率，并在人群密集的场所配置 AED。[①]2020

年 1 月 20 日，"@澎湃新闻"报道："AED 可与死神赛跑，2020 年上海两会，42 名人大代表呼吁上海加大配置力度。"[1] 由此可见，经过主流媒体报道以及广大网民的分析讨论，在此次悲剧事件发生两个月后，相关政策和建议陆续出台，但其影响范围以及政策出台的反馈时间，仍有上升空间。

四、网民非理性讨论的影响因素分析

法国社会心理学家古斯塔夫·勒庞在《乌合之众——大众心理研究》一书中指出，当一群人聚合在一起，构成所谓的"心理群体"时，他们不再是原来的自我，也不是个体的简单累加，他们会表现出迥异于个体的心理特征。[2] 纵览整个舆情数据不难发现，在"高以翔猝死"事件的舆论周期中，民众的思想和感情可能因为暗示和相互感染而偏离理性的方向，如舆情关注度快起快消、评论用词多偏激骇人等，具体表现为行动上的冲动、传染、异变、从众，以及情绪上的夸张和骤变。为此，本章从外部和内部两个角度进行原因分析。

（一）外部因素

1. 传播平台自身的弊端

当下，微博是网民表达观点、分享社会热点事件的舆论阵地

---

① 新浪微博：《AED 可与死神赛跑，42 名人大代表呼吁上海加大配置力度》（2020 年 1 月 20 日），https://weibo.com/5044281310/IqmbFwzPt?filter=hot&root_comment_id= 0&type=comment（访问日期：2024 年 6 月 8 日）。

② 聂妍：《从网络群体事件看现代媒介环境下的"乌合之众"——以勒庞的〈乌合之众——大众心理研究〉为视角》，载《新闻研究导刊》2016 年第 15 期。

之一。微博传播信息的特点是传播性强、门槛低。传播性强主要基于微博的转发、评论功能，网民们可以通过微博实时地将热点事件进行转发、评论，传播效率极高，传播效果显著。其中"话题制作"的机制进一步增强了"大V"与粉丝、好友与好友之间的互动，相互渗透，层层扩散。门槛低则表现为任何一个拥有互联网和智能终端的网民都可以成为信息的接受者和制造者。

但是，微博对于其用户群体的管控和筛选并不严格，使网民大量的非理性声音充斥其中。"高以翔猝死"事件即在微博上曝光后，舆论迅速发酵。在涉事方发布官方声明之前，舆论场上的信息纷繁复杂，微博作为传播的平台媒介，对信息的审核并不严格，同时也存在监管困难的问题。这就使得一些自媒体输出大量冲动的、具有易变性的观点。热点话题的制造使得网民非理性表达内容逐步展开，逐渐多样化。尤其在一些知名人士和机构对事件进行评论和转发后，大量的普通网民和网络"大V"卷入其中，围观的欲望被进一步激发了，非理性表达愈演愈烈。

匿名性也成了网民进行非理性表达的保护伞。极为少数的网民在网络上发表极端、负面、具有攻击性的观点，挤压了理性讨论的网络空间，却无需为此承担相应后果。在"高以翔猝死"事件中，网民似乎成了法官和调查者，先是一边倒地抨击节目组和电视台，进而批判真人秀综艺本身，随后在张雨绮的悼念微博下又发展成对部分演员"吃人血馒头"的嘲弄与辱骂。网民在匿名性的保护下，在集体行为中借助极端语言来宣泄个人情绪。

2. 网络"大 V"再掀波澜

网络"大 V"是最具影响力和传播力的群体。他们拥有一定数量的粉丝，相比普通网民，他们在互联网的信息传播过程中更早、更多地接触到热点事件和相关信息。热点事件和热门话题会因为他们的关注和评论而加速传播，进而对他们的"粉丝"群体产生显著影响。新浪微博平台的"大 V"通常以网络名人、知名学者、专家、明星等群体为代表。他们会对热点事件进行一定的解读并向其受众输出自己的观点。他们的话语往往具有很强的感召力，通过引发网民的共鸣，在舆论中获得大量关注。

在本事件中，一开始是粉丝量庞大的娱乐新闻自媒体以"爆料"的形式向网民披露信息。在官方给出正式声明和道歉之前，网上的叫骂声已然是沸反盈天。直到事件爆料后近十个小时，才出现第一位娱乐圈知名人士（演员徐峥）为此事发声。这之后，一众艺人纷纷发文表达惋惜之情。一些演员的言论将舆论的焦点从猝死事件的归责问题模糊为"艺人是高危职业"的讨论中。这既不利于猝死事件的事后舆论监督，同时激发了网民的情绪极化。当时相关微博评论区充斥的一些不堪的仇富言论，就是某些时候舆论极化的代表性体现。

（二）内部因素

1. 惯性攻击利益相关主体

若发声主体是本次事件的相关方，不论是同行业的人，还是有关的协会、部门，网民的评论大多倾向于攻击、讽刺和阴谋论等消极的情绪，且评论的重点也会从相关事件转移到正在发声的这一主体本身。而对于无相关性的第三方发声，尽管其与相关者发声的观点相同，但网民对于这样的发声反而会理性思考，而不是去肆意揣测其背后是否有相关联系，以及这样的观点本身是不是为了谋取自身利益。

本次突发的"高以翔猝死事件"舆情，其实是一次社会痛点的集中爆发，让网民再一次正视这些存在于日常生活，却没有明确解决措施的问题。本次事件所反映出的众多问题中，有一个问题为：各行各业都为了追求经济利益，使加班成为常态，不加班才是非正常，用身体健康甚至是生命去赚钱。

聚焦于综艺节目为经济利益而导致悲剧事件的发声主体中，有以张雨绮为代表的一众演员、澎湃新闻以及中视协。但是相比于澎湃新闻，演员张雨绮与中视协同时也是本次事件所反映出的针对性的问题的利益相关者。研究发现，这两个主体发声的微博下方评论中，对于发声主体的攻击占据了大多数，理性的发声十分罕见。而聚焦于相同问题的澎湃新闻，其微博评论中，辱骂只占比 2%，有 19% 的发声是理性和正向的。

2. 从众心理进一步催化事态

互联网的言论环境相对宽松，网民可以自由发表个人观点，鲜少需要承担责任和后果。但大部分的网民面对热点事件和网络舆论时，会首先选择观望，持"让子弹飞一会儿"的态度，只是在幕后查看网络"大 V"和其他网友的评论，并不发声。因受沉默的螺旋等因素影响，观望的网民很容易受到业已形成的群体意志的影响，尤其当该群体具有较强的倾向性时，个体网民的屈从会更加显著。正如在"高以翔猝死"事件中，基于新闻媒体对事件的诸多报道，越来越多的网民抛弃了客观的归责问题，不少甚至对事件定性的官方机构——卫健委展开猜忌与谩骂，甚至蔓延到整个急救医护行业。

四种因素既相互纠缠又相互排除，由此造成如图6-9所展现的情绪压迫，使得受其影响的网民主体失去理性，情绪严重割裂、易变，发声难以聚拢，无法形成目标一致的有力的舆论力量，表现出勒庞笔下的"乌合之众"的种种特征。

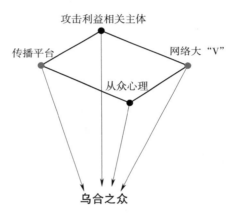

图6-9　网民非理性讨论影响因素分析图

五、总结与思考

本次事件经过广大网民的讨论以及众多主流媒体的报道，有关政策陆续出台。但相应的舆论反馈机制在成效上仍有上升空间，其反馈时效也有提升的空间。因而，针对热点突发事件引发的舆论场域中较为复杂的舆论状况，需要思考如何更好地推动各类参与主体较为理性地参与舆论场的活动，从而达到疏导舆论非理性情绪、构建良好舆论环境的目标。

（一）所有主体：思其位，慎其言

舆论场中的发声主体包括有关部门、媒体、网络"大V"和网民群体，各个主体在网络上应根据自身的角色、功能和位置进行理性发声，应陈述客观事实，发表理性的、就事论事的观点。具体而言，涉事单位和政府部门在回应舆论时，回应重点应该包括事件原因的调查、如何推动同类问题的解决、防范相关安全隐患等方面。媒体应针对网民爆料和媒体报道中的不确定因素进行调查采访，尽可能还原事件真相，同时发掘舆论场中有意义的、可施行的建议，不让理性的声音被淹没在负面评论的汪洋之中，为让有关部门听到这些声音献出一份力量。网络"大V"发声时，应注意表达的观点以及表达的方式，应就事论事，不带偏话题，尽量引导民众回归理性思考。网民在看待热点事件时，应持理性和批判态度，不盲目跟风，不情绪化对待。

（二）有关部门：清疑点，抚民情

由以往舆情事件的处理过程可知，舆情处置能力的高低对舆情事件的发展有着至关重要的作用。由于网络舆情的爆发常常无法预料，而相关部门被动的反应又常常具有相当的滞后性，进而导致原始信息缺失或披露迟滞。而利用删帖、删评论等原始手段对舆论进行粗暴的压制又极有可能激发公众的逆反心理，最终导致对网络舆情失去控制。

本次事件中，有关部门的处理方式仍然需要调整和改进。浙江卫视作为责任单位除了公开道歉以及在事发8天后才宣布将节目永久停播，并没有公布其今后在其他综艺节目中的改进措施，且对于民众的问责要求没有正面回应，对于民众提出的公布现场录像等要求充耳不闻，使舆情不断地被激化。同时，卫健委的回应相对滞后，虽然在例行发布会上的记者提问中点出了这次事件背后更深层的急救设施、急救医师缺乏的问题，但是未作细致研究与宣传。同时，有关部门也需要持续性地治理某些依靠自身流量，通过热点话题造势，捏造虚假消息或制造对立，从中获取流量的自媒体。

若有关部门在发现舆论热点后，及时对本次舆情热点做出相关回应，并尽快出台相关举措，使相关政策尽快落地，避免相关悲剧的二次发生，民众的声音才真正体现出它的意义。普通民众的社会责任感也能够得到进一步加强。这样才能较好地开启良性循环的局面。因此，政策制定者要积极面对舆情，加强对舆情的研究，透过现象看本质，尽量摸清社会的真实意见，拨开迷雾，追踪研究网络舆情和政策的真实互动关系，及时发现和了解现实问题，化解根本矛盾，释放舆情压力。

（三）主流媒体：严把关，正视听

全媒体信息时代的特点是舆论场中的信息纷繁复杂，信息传播的主体不同、传播方式不同、观点不同，各种声音汇聚其中。在大众传播的舆论场中，受众对事件及其性质的判断很容易受到信息数量和传播方式的影响，网民往往难以看清事件的真实情况，这可能导致非理性表达的产生和激化。而媒体作为热点事件报道和舆论观点传播的重要主体，负有挖掘事件真相、引导舆论走向的责任，应当紧扣社会主流价值体系，为网民理性讨论营造有序、健康、和谐的舆论环境。其中，主流媒体具有更高的权威性和公信力，应利用自身优势，做到"严把关、正视听"。热点事件爆发后，主流媒体应第一时间通过微博、微信、新闻网站、客户端等多种渠道发布相关报道，对事件进行追踪调查，采访涉事主体，最大程度地还原事件真相，澄清谣言。同时，及时回应网民关切、网民质疑，避免因信息错乱、发布不及时而引发网民进行非理性的讨论。

2019 年 11 月 30 日，央视 CCTV13《新闻周刊》在人物回顾中以《高以翔：生命的警示》为题报道整个事件。央视这次做得好的地方在于，没有转移焦点，直接"质问"节目组，将徐峥说得婉转的地方，说得更加清晰完整。央视指出节目组的责任在于：

"黄金四分钟内没有专业的医护人员和急救设备，救护车也因路障没能第一时间到位。……"

"不能说救护车直接开到身边或者有体外除颤仪，高以翔就一定能够救过来，但是没有那就一定救不过来。"[1]

"重视高以翔事件，并不因为他是明星，所以要特别优待，而是从这次遗憾的事件中，寻求避免下一个高以翔的可能，让节

---

[1] 华律：《高以翔因节目组赶工猝死，央视：黄金四分钟急救没有做到位》（2019 年 12 月 24 日），http://lawyers.66law.cn/s2517f094a4c16%5Fi698914.aspx（访问日期：2024 年 5 月 15 日）。

目组提高安全急救措施，保障从业者的人身安全。"

央视在舆论激愤之时果断给事件定性，以正视听，有效地调节了民众的非理性情绪，将讨论方向扳回正轨，树立了极高的公信力。并且，上文所提及的演员徐峥微博下方的客观分析评论的占比明显低于 2019 年 12 月 1 日《人民日报》下方客观评论的占比。这也较好地印证了主流媒体的"议程设置"对于减少民众进行辱骂、脱离事件等无效讨论起到了一定的抑制作用，对于民众进行理性、客观的讨论具有积极正向的促进作用。

（四）网络"大V"：引众论，立标杆

在以微博为代表的互联网舆论场中，就舆论影响力而言，网络"大V"可分为三类：第一是官媒评论员，他们能够站在国家和民族的立场对时事热点问题发表客观公正、具有较大影响力的看法；第二是具备专业知识的网络"大V"，他们往往是特定专业领域的专家，具备丰富的专业知识，拥有一定量的粉丝，他们对于热点事件的看法能够影响舆论走向；第三是微博"大V"，通常微博"大V"是活跃度高、流量大的名人微博，他们通过关注时事热点，发表相关评论来和粉丝群体进行互动，影响网民对事件的看法，具有显著的粉丝效应。

在热点事件发生后，当舆论环境中混杂了难辨虚实、恶意挑拨的言论时，网民如果能够围绕网络"大V"形成正向、理性的舆论态势，将有助于减少非理性言论的扩散和蔓延。同时，我们也需要严防某些自媒体依靠自身流量，通过热点话题造势，捏造虚假消息或制造对立，从中获取流量的恶劣行为。

本次事件中，演员徐峥的发声起到了积极的作用。不仅表达了对后辈的惋惜与遗憾，而且直接点明事件的主要责任人，若有其他的知名演员或者网络"大 V"就"为避免此次事件再次发生，我们有哪些可以做的措施"进行发声，或许网民评论中的建设性意见比例会有所提高，网民理性的发声影响更大，反馈政策的调节机制的反应也会更加迅速。

（五）网民主体：辨是非，展价值

首先，网民应对网络平台中的信息内容持有批判思维。从"高以翔去世"的舆情变化看，一部分自媒体在信息传播中，存在模糊讨论焦点、为涉事单位转移矛盾、避重就轻的问题，严重干扰了舆论监督的运行和民众的讨论。在这种情况下，网民应提升自己的思辨能力和判断能力，排除网络上具有煽动性、诱导性、仇恨性的话语的干扰，多角度、多层次去分析事件本质，不被网络上的抹黑者、反动者等不法分子所误导和利用。

其次，网民应紧跟时代潮流，关注社会热点话题，关心国家大事和社会民生，传播社会正能量。公民只有践行自己的责任义务，提升自己的政治素养和政治影响力，在互联网上理性讨论、谨慎讨论，才能形成舆论传播的良性循环。传播的信息越理性，就越容易得到其他网民的认可，发声的网民也就越能从中获得认同感，为了维持这种他人对自己的认同，在后续的讨论中，网民会更加理性地发表相关言论。这将促使理性表达在舆论场中占据主导地位。

本次事件中，网民议论存在重复度高的问题，绝大多数都仅仅是在重复猝死事件的规则问题、指责节目方，极少有民众能考虑到急救措施的普及在挽回生命方面的重大作用。在卫健委官方回应猝死事件后，对于急救设施的反思比例才上升，但此时总热度大不如前。若网民能够对接收到的繁杂信息和报道进行客观分析，对不同的观点进行理性思考，则类似于演员张雨绮所提出的"演员为高危行业"等观点，网民就可以意识到这类观点反映的不过是本次悲剧事件所暴露出的众多影视行业乱象中的冰山一角，只是其表达方式有所欠缺，但问题的确存在。因此，相关微博评论客观分析的比例将会大幅上升，而谩骂甚至上升到"仇富、仇视演员行业"等极端评论比例将会大幅下降。

综上所述，社会舆论的各大主体虽然立场不一，但是敦促改变、谋求发展的愿望是一致的，在此基础上相互理解、形成如图 6-10 展现的协同效应，才能打造清朗的舆论环境，进而发挥好网络平台对于社情民意的"扩音"作用，运转好舆论对于社会发展的监督机制。

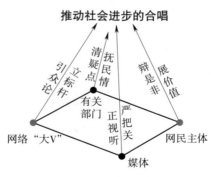

图 6-10 舆情解决机制

第七章 网络舆论中的情绪极化与理性培育

一、研究主题

数字时代，网络平台已成为人们讨论公共事件、发表观点、表达情绪的重要场所。受多元偏差因素的影响，舆论在演化过程中会出现两极分化的舆论极化现象。智能媒体时代，舆论极化现象呈现出恶化发展态势，不仅影响了主流价值观的传播，更加剧了舆论场的撕裂。[①] 芝加哥大学法学教授凯斯·桑斯坦在其著作《网络共和国：网络社会中的民主问题》中将群体极化定义为："团队成员一开始即有某种偏向，商议之后，它们朝偏向的方向继续移动，后形成极端的观点。"互联网普及以来，纵览亚欧大陆，不少国家频频出现社会舆论极端化现象，增加了原有问题的舆情张力，使得社会固有问题派别之间的对立愈加激烈，解构了用来维持社会基本运转的知识和常识。当某个社会问题产生时，网络中的个体常常持有不同甚至完全对立的观点，但是当各类信

---

① 吴越、李发根：《舆论极化研究综述》，载《情报杂志》，2022 年第 4 期。

息通过网络舆论空间不断流动，主流媒体、自媒体、网民等各主体之间便极有可能产生互相影响。这样一种一致性、对立性和并存性相互杂糅的舆论分布模式，恰是从这种复杂交织的非线性互动系统中逐步进化、迭代并最终产生的。[①]

"微博当成百度用"这句网络流行语说明了微博平台对于当代网民的重要性。微博话题中的网民评论具有广义媒体新闻评论的一般特征，以及平台自身的独特属性。首先，网民评论具有信息化时代的普遍特征，如时效性、交互性、开放性等。网民通过互联网这一相对自由的公共话语空间进行评论，突破了传统纸媒的局限性，不仅对于新信息、新事件的反应速度大大提高，而且通过评论进行信息交流和交换，高频互动，已不再仅仅是信息的接收者，同时还是信息的发布者、传播者，传统的由精英到草根的灌输模式已悄然变成交互模式。由于微博评论字数限制的规则，其碎片化特性突出，大多数评论内容并没有论据或完整的论述过程，只是个人观点的直接表达。[②]这样的传播特征导致网友评论的主体容易从原本的事件发散到与本事件无关的主体上，且表达情绪也在交互的过程中不断被激化，进而致使评论观点逐渐极化，直至完全被分裂为 A、B 两个不相容的极端。

本章以"北京 SKP 禁止外卖员进入商场"这一在微博上热度颇高、引起网民广泛讨论的网络舆情事件为例，通过对相关微

---

① 葛岩：《社交媒体和舆论极化的涌现》，载《中国社会科学报》2019 年 7 月 23 日。

② 赵文：《微博热点事件网民评论中客体的泛化研究》，载《新闻世界》2019 年第 12 期。

博下的评论内容进行分析，探究本事件的相关评论为何在网民的评论浪潮中，逐渐分化为两个不可相融的极端。在此基础上，由本事件推广到其他同样产生舆论极化现象的事件上，进一步探讨在网民评论中，舆论主题泛化偏离、舆论情绪极端对立的具体表现和特点，尝试解决巨大舆情张力的问题和难以相融的评论戾气，探究如何在不同主体的合作之下逐步消除舆论张力，最终让网络舆论的生成与演变更为客观与理性，让网络舆论场更为风清气正。

二、研究设计

（一）研究对象

2020 年 7 月 11 日凌晨，微博博主"@曹导"发布视频，记录了自己当外卖小哥的经历，并称自己在进行外卖员职业体验时，身着外卖工作服去北京 SKP 商场取外卖，被拒之门外，保安称"穿外卖工作服无法进入"。事件一经曝光，在微博上，"北京 SKP""歧视""职业""专用通道""商家""服务行业""外卖骑手体验"等核心关键词热度陡然增加，"北京 SKP"词条更是登上了实时热搜榜前五位，显示出网友对本次事件的关注。因此，本章选取事件传播的初始平台——微博开展相关研究，以引起本次事件的"@曹导"以"外卖骑手体验"为题发表的微博，以及事件另一主体"@北京 SKP"相关声明的微博为研究对象，以保证此次研究的完整性和全面性。

（二）指标设计

据观察，"@曹导"发布的视频微博下方约有 4.3 万条微博数据，本章利用 python 软件爬虫技术收集了其中的 2400 条评论，后运用等距抽样的方法从中抽取 200 条评论进行内容分析。因"@北京 SKP"关闭微博评论功能，故人工截取了微博转发中网友的有效评论，等距抽样 100 条，尽可能消除人工截取评论的误差，以抽样结果作为本次研究的另一对象。共设计与监测四项内容指标，如表 7-1 所示。

表 7-1　监测指标说明

指标	指标阐释	指标解析
微博内容	微博内容是指微博用户所发布的与"商场禁止骑手入内"及其相关关键词、相关微博消息的全文内容	微博内容、发布日期时间的完整记录可以体现出本次事件态势的发展以及特定时间点下舆情的态度，对比不同时间点微博内容的变化有利于更清晰地理清事态发展的逻辑线
日期	日期是指微博用户发布该条微博消息的日期	微博内容、发布日期时间的完整记录可以体现出本次事件态势的发展以及特定时间点下舆情的态度，对比不同时间点微博内容的变化有利于更清晰地理清事态发展的逻辑线
微博评论	微博评论是指其他微博用户对于本条微博的评论内容	评论是微博用户与其他微博用户直接对话的重要表现形式，体现了微博传播的深度。深度是指微博内容的纵向剖析，对于话题内涵的理解

此外，为便于对每条评论内容进行统计比较，此处尝试对内容做出概括并进行类型学划分，将内容相同的评论合并同类项。经过整合，所有评论内容及其观点的主题共被分成四大类，并按类别定义了每一类所涵盖的具体内容，见表7-2所示。

表7-2　微博评论内容分类定义

序号	名称	定义内容	代表性微博文本
1	辱骂	出现侮辱性词语	谁能给我科普一下SKP是个什么商场，怎么就那么牛逼
2	赞扬	出现"追究责任"或者"抵制"等关键词	谢谢曹导做出这样一个视频让大家看到，真的感谢你
3	理性分析	对造成该事件的双方都表示理解和支持	我觉得正常啊，成都这边办公楼也不让骑手进去啊。要么在外面等，要么放在门口物业设置的桌子上，各行各业都辛苦，骑手外面跑得辛苦，办公室的也不是在玩啊
4	情绪极化	发言已脱离事件本身，情绪与言论出现极端化	社会主义国家搞这歧视工人阶级？我国不是工人阶级主导的国家吗

（三）数据监测时段

作为一起突发事件，"商场禁止外卖员入内"的相关舆论在事件发生后短时间内迅速、广泛传播，冲上微博实时热搜榜。而后热度退散，相关舆论数据呈断崖式骤减。因此，在数据检测时间跨度上，选取了从 2020 年 7 月 11 日至 2020 年 7 月 18 日，即事件发生并曝光后热度骤升到事件热度逐渐平息的时间段。

三、事件舆论概览与分析

（一）热度趋势概览：一波四折，峰值显著

根据百度指数，如图 7-1 所示，2020 年 7 月 11 日凌晨，"@曹导"发布视频引发舆情后，事件热度在 24 小时内迅速达到小高峰，而后迅速回落。2020 年 7 月 12 日，事件另一主体"@北京 SKP"发表声明称，"疫情期间员工与消费者进入商场通道不同。外卖小哥须由员工通道进入，餐品会由各餐饮品牌送至指定位置"，随即创下热度最高峰并快速消退。此后的两天中，舆情热度在达到小高峰后快速回落。事件发生后的第 4 天，事件热度完全消退，低于平均值，舆情走向趋于平稳。

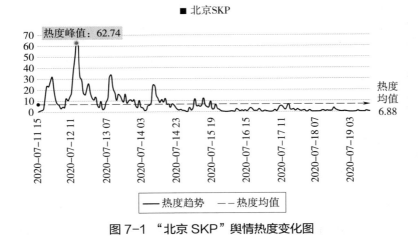

图 7-1 "北京 SKP"舆情热度变化图

1. 第一次波峰：视频初发布，舆情起波澜

2020 年 7 月 11 日凌晨，"@曹导"发文指出："#外卖骑手体验#职业体验 VLOG.03 我去当了几天外卖骑手，被气到嘲讽模式全开。这几天里我经历了被歧视无法进入商场差点取不到单的绝望，单子超时太久被退单最后坐在路边吃完了那份餐的辛酸，38 度高温下跑步送餐的晕眩，看到档口光膀子大哥的震惊，还有很多很多其他骑手热情帮助的温暖。去体验，才能看到生活的更多面。"视频记录了博主作为骑手在北京 SKP 取餐却遭禁入的情况，一时间引起了网友的广泛讨论。

截至 2020 年 7 月 14 日，"@曹导"发布的"外卖骑手体验"视频播放量已超过 3767 万，视频上线首日登微博全站日榜第一，引发全网热议，"SKP"曾登上实时微博热搜榜第 5 位，"商场有权拒绝外卖人员进入么"曾登上实时微博热搜榜第 2 位，相关话题总阅读量突破 12 亿，话题总讨论量破 18 万。

微热点词云图如图 7-2 所示，以"@曹导"微博中的"外卖骑手体验"为主题词进行词云可视化分析，排名前三位的热

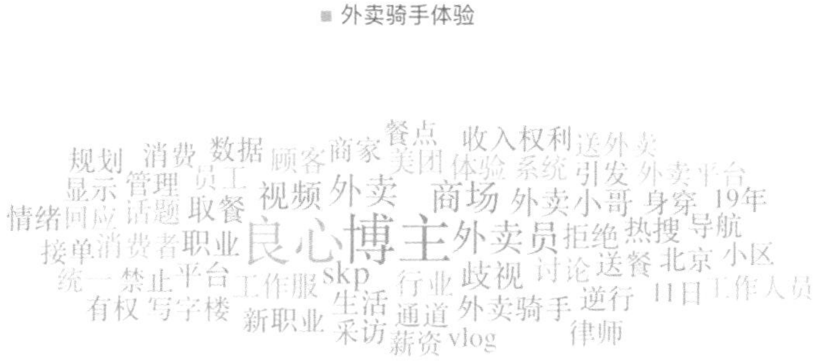

图 7-2 "外卖骑手体验"词云图

词分别为"博主""良心""外卖员"。虽有与本次事件相关的"SKP""商场""外卖小哥"等词出现在图中,但"良心""歧视""收入权利"等与本次事件开始发酵时无关的词也赫然在列,"良心"一词甚至位列热词第二位。

2. 第二次发展:"@北京SKP"发表声明,热度登顶

2020年7月12日中午,"@北京SKP"发表声明称,"该商场有固定的外卖取餐模式,为外卖员准备了专门等候区,餐品会由各餐饮品牌送至指定位置"。声明发出后,"SKP回应拒绝外卖人员进入"话题登上实时热搜第2位,阅读量超过5亿。

以"北京SKP"为关键词的词云图显示如7-3,排名前三位的分别为"商场""SKP""外卖员"。虽有与"SKP""商场""外卖小哥"等紧密相关的词出现在图中,但"高贵""歧视""垃圾百货"等与本次事件无关仅表达了网友情绪的词也充斥其中。

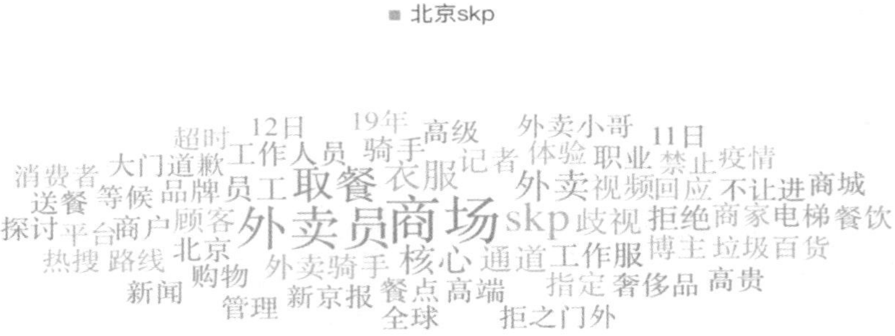

图 7-3 "北京 SKP"词云图

综合以上两条微博的舆情热度及关键词的分析可以看出，该事件在一定程度上产生了舆情极化的现象（见图7-4）。下面将通过分析两条不同主体的微博评论，细化该事件舆情极化的现象以及特点。

图7-4　词云图热词汇总

（二）舆情极化分析

1. A 极：博主此举为谋私利

为便于对每条评论内容进行统计比较，体现此次舆情极化现象，此处进一步细化评论分类指标，将"@曹导"发表的"外卖骑手体验"微博下的评论内容进行整理分类（见表7-3）。

表7-3 评论分类指标说明

序号	名称	定义内容	代表性微博文本
1	辱骂SKP（包含情绪极化以及直接辱骂SKP）	出现与本次事件无关的极端性词语，如"阶级""歧视""资本主义"等	社会主义国家搁这歧视工人阶级？？我国不是工人阶级主导的国家吗
2	认为SKP是常规做法但需要修改	评论对象为SKP并出现"是否合理""调整"等认为此规定存在一定问题，需要修改的词语	从商场角度来说，初心可能为了给其他客户营造更好的环境（例如有些外卖小哥着急取餐需要奔跑，商场担心撞到人，不如到集中点，小哥也省事）。但是，商场的问题在于"一棒子打死"所有穿外卖服的人：如果外卖小哥取餐，此项规定合理；如果是就餐，那此项规定不合情理
3	理解SKP，无规矩不成方圆	评论对象是SKP，并表达对此事件中SKP行为的认同	我没觉着是歧视，就是家有家规而已，很多商场饭店也都规定员工走员工通道，当大家都去执行在固定通道拿餐的时候，是不是也提升了效率
4	博主本身并不熟悉外卖小哥的业务，所言失当	评论对象是博主，评论中出现"不专业""不了解"等相关词语	这不是你自己的问题？准备不充分还需要别人给你指路

序号	名称	定义内容	代表性微博文本
5	博主本身就有仇富心理及职业歧视	评论对象是博主，评论中出现"仇富""歧视"等相关性词语	北京疫情期间，本来就有很多与外卖和快递相关的规定，商场也是按北京市规定办事，让你去员工通道进就是歧视了，矫情什么，抗击疫情不比你体验生活来的重要
6	博主哗众取宠以为己谋利	评论对象是博主，评论出现"带节奏""博眼球""引流量"等相关性词语	纪录片界的小咪蒙，说说曹导的纪录片，不出作者所料，SKP 成了作者埋在纪录片里的爆点，流量一下子炸了，作者的小伎俩成功了。他的目的是体验不同行业，结果整部片子下来，我认为仅就这个作品来说，作者的观点、态度是有问题的，三天的时间他并不是想深入地了解一个行业，只是一个俯视的角度扎入

　　此处将等距抽样的 200 条评论按如上划分标准进行分类，并进行统计学分析，得到以下结果，如图 7-5。其中，单独提取出评论主体为博主的评论经过如上分类，可明显展现出本次舆情存在的极化现象。

　　研究发现，网民的评论由质疑博主在进行职业体验时的专业程度，到质疑博主本人的品行以及心理，最终极化到质疑博主本人拍本次视频的用意是否只为煽风点火，为自己引流。且由此微

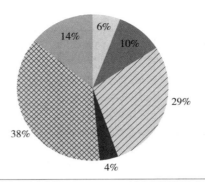

■ -1. 理解SKP，无规矩不成方圆	■ 1. 博主因不熟悉业务，所言失当
▨ -2. 认为SKP做法是常规，但需要修改	■ 2. 博主本身就有仇富心理及职业歧视
▧ -3. 辱骂SKP	■ 3. 博主哗众取宠以为己谋利

图 7-5 "@曹导"微博评论分析图

博下方以"博主"为主体的评论分析图（见图 7-6）可知，"从职业角度正常评论博主行为"的评论只占 15%，但认为"博主哗众取宠，为己谋利"的人身攻击类的评论接近 50%。这与舆情极化中的公众分为对立的 A、B 两派，以及意见中立的 N 派的特点相符合。

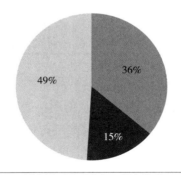

■ 1. 博主因不熟悉业务，所言失当
■ 2. 博主本身就有仇富心理及职业歧视
▧ 3. 博主哗众取宠，为己谋利

图 7-6 "@曹导"微博中以"博主"为主体的评论分析图

2. B 极：商场此举违反基本国情

为了便于对每条评论内容进行统计比较，更好地展现此次舆情极化现象，此处进一步细化了评论分类指标，将 2020 年 7 月 12 日 "@ 北京 SKP" 微博声明评论内容进行了更精细化的整理和分类（见表 7-4、图 7-7）。本条微博的发声主体为北京 SKP，其评论的对象几乎均为北京 SKP，极化现象更为明显和严重。

表 7-4　评论分类指标说明

序号	名称	定义内容	代表性微博文本
1	SKP 的声明避重就轻，没有实际意义	评论对象为本次 SKP 的声明，评论内容为对本次声明的解读，且出现 "不改" 等相关词语	哦，还不打算改呢
2	辱骂 SKP	出现辱骂或讽刺性词语且其对象为 SKP	你这么高贵呢，干脆禁止商家搞外卖不是会显得更高级吗
3	SKP 关闭评论，心虚	评论对象为 SKP，且评论重点为 "关闭评论"	不能评论这是怕什么
4	极化到 "阶级" "歧视" "人分三六九等"	出现与本次事件无关的极端性词语，如 "阶级" "歧视" "资本主义" 等	？？？真的姓资
5	依然支持 SKP	评论对象是 SKP，表达对 SKP 行为的支持等积极情绪	站 SKP，不让外卖进的地方太多了，写字楼、酒店，怎么一直没人说？换个角度看，要是他们在商场里看着手机来回跑，给人撞了，赔钱的时候，又该说我赔不起了吧？小区也不让外卖和快递进，也有行业歧视？

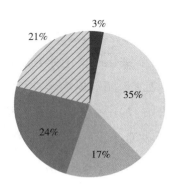

3%

21%

35%

24%

17%

■ 5. 依然支持SKP　　　　　　　■ 1. SKP声明避重就轻，没有实际意义
■ 2. SKP关评论，心虚　　　　　■ 3. 讽刺及辱骂，宣泄感情
▨ 4. 极化到阶级，歧视，人分三六九等

图 7-7 "@ 北京 SKP"微博评论分析图

　　研究发现，网友对 SKP 评论的重心存在泛化和极化的现象（见图 7-8）。第一，由于该商场本身是一家售卖奢侈品的商场，大多数网民的关注重点不在于此规定内容本身，而是通过视频中保安说的"你穿外卖员的衣服就不能进"这句话，迅速上升到"职业歧视"层面，质疑商场本身是否对外卖员这一职业有一定程度的歧视。第二，网民评论的客体，由商场这一规定延伸至商场是否在将人划分为"三六九等"的阶级论。第三，网民评论的重点，由讽刺商场"高贵"再次上升到我国基本国情。例如，有网民评论："我国是否仍然是社会主义国家？那为什么会出现如此资本主义的事件？"

　　在此案例中，舆情事件客体从当事人延展至特定群体乃至相关部门，发展趋势呈现出由点到面的走向。具体来看，首先，事件当事人及其信息细节引起网民关注；其次，政府和相关部门的表态及事件的后续处理方式演变为关注焦点；最后，讨论进一步推至道德伦理与法治等宏观层面。网民的言辞也随着评论客体的逐步扩大越来越极端，表达情绪也越来越极化。

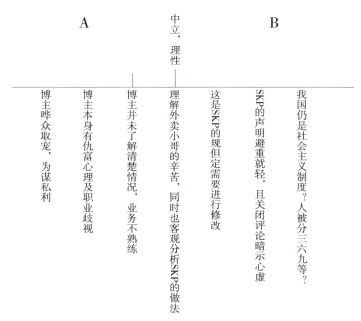

图7-8　本次舆情事件中网友言论极化示意图

（三）原因分析

1. 所评之事，何以泛化

热点事件的评论客体一般为当事人或事件本身。但是引发负面舆情的热点事件，其评论的客体或议题往往出现泛化现象，而具体的事件内容或当事人的相关内容因此被无关内容所覆盖，关注偏离。由此，网络热点事件经常衍生出多个与原始议题直接或间接相关的其他议题，加之微博评论具有时效性、开放性、交互性等特征，网友经常在事件未完整呈现、相关调查未完成时便开始讨论，并发布大量的碎片化、主观性、揣测性的评论，致使整个舆情产生愈发严重的偏离现象。

在网络热点事件传播中，当事人往往被贴上"标签"，被依据其特征等划归为特定人群，进而与广泛的群体产生关联性，评论客体的泛化现象便随之铺开。另外，在微博平台上，新闻信息传播速度相当快，事件讨论的参与成本非常低，高曝光度下，舆情发展的集聚效应明显。一旦热点事件被定性成挑战、触犯主流价值观的事件，网民对这一事件的情绪输出就容易走向负面与极端，进而蔓延到评论客体的关联对象。网民在评论区发表粗鲁、愤怒、讽刺等词句表达负面态度，舆情事件最终会滚雪球一般发展为社会性议题。

上述事件中，A、B 两极网友评论泛化的客体有所不同。A极网友以博主为攻击对象，其评论客体由博主拍摄、记录工作体验这一事件，泛化到博主本人的人格、品质，最终偏移到博主拍视频这一事件的目的为何。B 极网友以 SKP 为评判对象，其评论客体由 SKP 不让外卖员进入这一事件，泛化到 SKP 是否有"等级划分""阶级歧视"，甚至泛化到国家层面。再如，此前的上海疫情中，"抗疫物资分配不均"等争议新闻屡屡登上微博头条，而网友的评论风向也渐渐从疫情泛化为"资本主义之风""富人自私"的阶级批判。随着评论客体的逐步泛化，部分网友的负面态度和负面情绪愈演愈烈，而偏离方向的差异性又进一步加剧了讨论的戾气，评论的极化现象也在这一过程中更加明显。

2. 所评之言，何以极化

人类认知最固有的偏见就是"确认偏见"，即人类倾向于忽视那些会破坏他们的选择和判断的信息，而对那些支持他判断的信息采取充分利用的态度。简单来讲，就是人们总是趋向于看见他们想看见的，相信他们愿意相信的。这意味着在面对海量的信息时，网民不可避免地会有选择。他们在网络中挑选与自己观点相符的信息，并在社交平台中聚集成意见一致的群落，久而久之产生"回音室效应"，屏蔽与之不同的意见与观点，形成"信息茧房"，导致舆论极化。此外，影响舆情演化趋势的因素还有很多，如官方的定性、不同立场的群体的凝聚力、不同信源的可信度，以及网络空间治理政策等，都可能影响网民的观点。

如今，新媒体的兴起与普及导致信息传播越来越呈现出快速化、碎片化的特点，逐渐颠覆了传统的阅读方式。为了博取流量，部分媒体在信息传播时倾向于运用一些专有词语，对报道对象简单定性，贴上标签，简单粗暴地给读者赋以刻板印象。不仅是媒体本身，资讯平台也为了增加用户黏性，使用大数据精准推送等功能打造同质化信息包围圈，压缩用户独立思考的空间和意识，对情绪极化推波助澜。经济的快速发展也使得社会贫富差距不断加大，社会剧烈的转型也带来层出不穷的社会矛盾。为了保证社会经济平稳运行，消化社会内部蕴藏着的阶级冲突能量必然是重中之重[1]。上述 SKP 奢侈品商场拒绝外卖员进入事件只

---

① 葛岩：《社交媒体和舆论极化的涌现》，载《中国社会科学报》2019 年 7 月 23 日。

是网络中情绪化争论的冰山一角。当前的传媒行业，无论是媒体报道、"大V"发声还是网民讨论，言论情绪的对立和极端化早已不是个案。从宏观层面来看，极端化的舆论环境也会影响社会公共议题，不仅导致受众容易将特殊事件联想臆断为社会普遍现象，在某些特殊、敏感的关键词的影响下，甚至也会引起阶层冲突的和社会不安。

四、总结与思考

在信息繁杂的网络空间中，影响舆论极化现象形成的因素复杂多样。从北京 SKP 事件的舆论极化现象，可以管窥当前网络空间中舆情事件发展可能出现的极端现象，以及这些现象带来的短期或长期的影响。如何提升网络空间舆论场域的理性声量，维护大众正常探讨的舆论空间，除却依靠网络空间清朗行动等政府主导开展的舆论治理活动，也需要当事主体、媒体及平台方等重要传播者、广大网民等网络舆论相关主体的共同努力。

（一）当事主体发布信息要详尽，回应信息需谨慎

随着媒介的可接近性越来越高，每一个拥有社交平台账号的人都是自媒体。对发布者的信息进行断章取义、恶意曲解等行为，在网络舆论场中似乎一直存在。作为信息源头的传播者，在网络空间中发声时，要注意发布的信息内容，要尽可能详尽，留下越少的揣测和臆想空间，越容易避免歧义、误读及不必要的舆

论浪潮和负面社会影响。若舆论风波突如其来，当事主体就避免不了针对事件进行发声，或回应质疑，或辩驳谣言，或补充信息，等等。此时，最需要注意的是保持自身的公信力，注意发声时言辞的真实性、叙事方法及回应方式的适当性，等等。因为当事主体的公信力是影响公众判断事件性质、舆论发展的重要因素，若回应不当，必定致使当事主体的公信力受损。回应不当，社会舆论情况不仅不会"好转"，反而会进一步激化，甚至产生派别意见的对立，使原意为平息事件的发声变为加速事件极化的催化剂。

以本次"商场禁止外卖员进入"事件为例，事件核心主体"@北京SKP"在事发后关闭评论功能的"回应"，使得网友对其产生不信任，进而对其声明的可信度也产生了质疑。评论中支持SKP的内容仅占抽样评论的3%，且24%的网友推测关闭评论的实际原因是发声主体心虚，因而不敢打开评论功能。并且，在该条回应微博发出后，该事件的舆情热度攀登到一个新的高峰，说明其不仅加速了舆情极化，也扩大了舆情的传播影响。

（二）媒体需坚守报道原则，承担社会责任

媒介环境在舆论演化的过程中扮演重要角色，充斥虚假信息、仇恨言论和情绪先行的不良信息生态可能加速社会分裂与极化。[①] 媒体是媒介环境建构的主要角色，要坚守新闻报道原则，

---

① 王晓培：《从技术赋权到平台逻辑：社交媒体舆论极化形成与治理》，载《中国出版》，2023年第14期。

实事求是，揭示事件真相，化解舆论戾气，缓解社会矛盾，承担起自身的社会责任，建设风清气正的网络空间。

首先，真实性是新闻的第一要义，过度发散思维不可取。若新闻报道的角度、内容不当，必将对社会带来一定的威胁和伤害。在此次"SKP事件"中，博主的本意是抒发职业体验的艰辛，却有媒体对这一事件过度解读，制造出职业歧视、阶级歧视等标签博公众眼球。这不仅是违反职业专业性的表现，更加助推了舆论风波的生成，产生了十分负面的社会影响。其次，要坚持新闻报道"全面性"原则，报道角度多元化，有意识地避免被流量"绑架"。报道角度多元化首先要坚持报道视角多元化，即开辟一个新的窗口给受众，避免满屏一致的报道内容引发受众阅读疲劳，补充新的信息，作出新的评论等；其次要选择报道主体的多元化，不仅可以更加立体地展现某些群体、地域、阶层的特征，有助于改变受众的单一认知或刻板印象，提升受众独立思考的能力，也可以改善武断的"媒介审判"现象。"SKP事件"中的有些媒体只是一味地关注商场、保安等涉事主体，甚至将其放在敌对的两面引导话题热度，却不去深究管理制度的僵化与不合理，片面肤浅地跟风报道，俨然只是被流量裹挟的"新闻搬运机"。

因此，媒体工作者必须坚守职业原则，坚守基本的新闻原则、实事求是的原则，牢记没有调查就没有发言权，坚守职业规范和媒体专业精神，深刻领会并践行。对待新闻事件的方式不能是为了博眼球而随意用标签给社会事件定性。例如，在报道时，不能因为所报道事件的某些特征与之前的报道内容有疑似的共性，就自作主张地合并同类项，以迎合或加深受众的刻板印象吸引眼球。更重要的是，媒体从业者思维的发散是良好舆论空间构建的基石与校准器，除了把握住新闻报道业务要求的微观因素之外，还要考虑更加宏观的影响，承担起维护社会稳定与和谐的社会责任。

（三）增强价值判断能力，提升网民网络素养

全媒体时代，新媒介崛起，在内涵与结构上，新媒介素养都成为与传统媒介素养全然不同的概念。新媒介素养教育的缺失，让许多民众面临信息侵权、解码偏向、媒介依赖等诸多弊病。[①]面对日益崛起的自媒体及泛滥的信息，保持警觉，不断提高自己的信息搜索能力和信息甄别能力，增强价值判断能力，提升网络综合素养，善用网络平台，已成为我们面对日益复杂的信息世界的关键。

在网络空间中，作为普通网民，看到有争议的新闻信息时，不妨让子弹飞一会儿，不要着急下判断和结论，以免被流量操弄者所利用。同时，也要发挥主观能动性，在海量信息中多方搜索，对信息进行鉴别。具体来讲，广大网民可以通过多元化的信息搜索渠道进行对比，提取报道内容的共性，以作为事件的基础真相或相对真相进行认知和判断。也要警惕偏听偏信，增强甄别新闻报道、评论内容的主观性引导的能力。其实，辨别新闻真假

---

① 余秀才：《全媒体时代的新媒介素养教育》，载《现代传播（中国传媒大学学报）》，2012 年第 2 期。

也并非无规律可循。一般而言，在类似的立场争议较大的热点新闻事件中，无相关利益的第三方媒体有更大可能性保持中立的立场，内容报道与事件分析也相对理性、客观。此外，价值判断是决定网络空间舆论生成和风向的关键因素，偏激言论、观点的快速扩散容易滋生极化情绪。对此，网民要坚持社会主义核心价值观的基本判断标准，保持独立思考。面对明显与主流价值观相对立，乃至背离法律、道德底线的言论，要敢于反驳，并利用平台功能等与其作斗争。

网络信息传播、观点表达影响着网民的情绪和虚拟空间秩序的稳定，更重要的是会影响到每一个人的现实生活。由于我国国民的网络素养参差不齐，提升网络素养，善用网络平台，将对每一个人的理性生活、个人权益保障等层面具有极大的意义。当然，网络素养的成长是无法在孤立的环境下进行的，它必然要受制于更为宏观的政治、文化、经济及社会土壤的影响，同时也反作用于这些因素。[①] 我国网民网络素养的提升可以从民众的责任意识、文化参与、学习能力三个方面入手。[②] 首先，提升民众的责任意识。要加强网络空间社会主义核心价值体系的建设与传播，扩大主旋律宣传，增强民众对网络空间生态良好、网络安全乃至社会安全与国家安全的维护责任，不传播扰乱社会的信息。

[①] 喻国明、赵睿：《网络素养：概念演进、基本内涵及养成的操作性逻辑——试论习总书记关于"培育中国好网民"的理论基础》，载《新闻战线》，2017 年第 3 期。

[②] 张开：《加强网络文化建设 提升网民网络素养》，载《国家治理》，2019 年第 40 期。

其次，要增加网民在网络空间的文化参与，增强网友的网络信息的获取能力、辨别和分析能力，乃至传播和制作能力。引导民众主动参与网络文化传播与网络生态建设，不仅有助于增强网民的网络素养，更有助于提升网民的综合文化素养。最后，提升网民持续学习网络知识的能力。如今，我们生活的世界已被媒体技术分为现实和虚拟的两个空间，它们有着各自的运行规律，差异较大。掌握一定的传播知识、舆论知识，提升将网络信息传播与接收行为转化为有利于自己生活的能力，已成为每一个现代人应具备的基本常识和素养。而网络的飞速发展和层出不穷的技术迭代，意味着网民需要持续性地、有意识地加强对传播和舆论的认识与学习。实质上，对于普通网民来说，这样的要求并不低，需要有一个各相关主体长期努力的过程。

第八章 网络空间中爱国主义的彰显与弘扬

一、研究主题

加强爱国主义教育是开展思想政治教育的重点工作。[①] 当前，网络传播快速发展，普及受众广泛，影响力日渐增强。如何在网络新空间中开展有效的爱国主义教育，通过各类艺术作品的内容生产与传播，让以爱国主义为代表的社会主流价值更好地在网络空间中得以更好彰显与弘扬，值得我们分析研究。

本章以电影类艺术作品所引发的网络舆论来分析更好彰显和弘扬爱国主义主流价值的特征与规律，纵观我国以往的爱国主义教育的宣传方式，艺术作品的创作者往往倾向于选择背景宏大、具有鲜明教育意义的题材或故事，尤其喜欢站在国家、民族、历史等较高层面，展开价值传播并争取认同。相关艺术作品故事叙述积极正面，不仅记叙重大的历史事件，着力塑造伟大的英雄人物形象，体现源远流长的民族精神，而且注重结合当前官方主流

[①] 刘嘉圣:《新时代爱国主义教育的实践路径》，载《学校党建与思想教育》2020年第 3 期。

意识形态，反映政治时事色彩，传播正能量。我国近代历史的特殊性、坚实的群众基础，都为宏大叙述的红色主旋律作品的创作提供了天然的沃土，使这类主旋律作品在群众中有很高的接受度和认同度。2016年，龙应台在港中大演讲，问及台下启蒙歌曲是哪一首，观众们齐唱《我的祖国》。《我的祖国》创作于20世纪50年代，深切地体现出浓烈的爱国主义思想，歌曲表达了志愿军战士对家国的热爱以及保卫祖国家乡的坚定决心。在当时的演讲现场，港中大副校长响亮的回答，和全场学子整齐的歌声都体现了在当时宏大叙事的爱国主义教育是如此地深入人心，当时舆论对于如此的爱国主义教育形式表示认可和赞同。

在我国，大多数主旋律艺术作品的主题较为宏大，在电影形式上也倾向于表现大人物、大场面。因此，这些作品往往文化姿态较高，以宏观而深邃的叙事方式传递革命浪漫传奇，主人公也主要是革命领袖或模范人物，其内容表达难免与普通民众的生活情感体验产生一定的距离，[1] 主要依靠于大人物的重要行为和大事件的重要转折来产生戏剧的张力。这类作品确实在视觉和感官上能给观众带来较强烈的冲击，使观众对历史伟人与重大历史事件的重大意义得以了解，引导人们回望并铭记历史。然而，随着如今大众文化背景向娱乐化接近，意识形态符号化的人物形象与宣教式的政治话语已不再是主旋律影片所承载的全部，过去的表现形式也不能适应时代审美要求的变化。类似的大量具有史诗性的作品和宏阔的表达方式容易使观众产生审美疲劳，由于与自身

---

[1] 郑炀：《〈我和我的祖国〉：主旋律电影创作的另一种视角》，载《中国艺术报》2019年10月16日。

生活所在的时间和空间上都有较大的差距，观众对影片的接受与理解容易停留在历史事件本身，很难深挖背后的爱国主义和民族情怀。

与此类宏大叙述作品相对的，是一类微观叙事的作品。这类作品大多以平凡生活中的小人物为主角，将小人物放在国家与民族的发展进程中，具体细致地刻画小人物的生活与成长，不露痕迹地表现出国家对个人命运的影响，个人在国家发展中的奉献和参与。事实上，也正是千千万万个这样的小人物与小事件，形成了国家发展和民族进步的点点星光，照亮了悠久历史的浩瀚星海。如果说宏大叙事给了观众和社会壮阔的想象和重塑，那么微观个体的生命体验则唤醒了他们的独特记忆和情感体验。这类作品通过聚焦人的精神困境与挣扎，真实地反映了大环境下个体的价值、国家情感对个体的意义。观众通过这类主旋律电影可以入心地欣赏故事中人物的情感、精神成长，更容易联想到与自己以及身边亲人朋友所处时代息息相关的记忆和故事，从而完成个体到家庭、社会到集体的情感迁移与信念塑造。这些微观记忆中的平凡人物身上流露出的坚韧、奉献、善良、拼搏等美好品质转化成一种普世情感，个人的微观情感也自然升华成为对国家和民族的认同与自豪感。主旋律作品对爱国主义的表达和强化在这一过程中自主完成，其效果也会更加深刻，这是前一种宏大叙述作品较难做到的。由于从微观视角出发的叙事形式能更多地引发人们对于作品背后传递的爱国主义的共鸣，成功地让主旋律类的作品身份下沉，因而能够更加深入人们的心中。

在艺术作品中，电影具有润物细无声的传播特点和大众喜闻乐见的宣传方式，作为当代社会最具影响力的传播媒介之一，有很强的价值引导功能。这类主旋律电影以丰富的形式和主题表达爱国主义，在传递国家意志、反映党和国家所倡导的主流意识形态和主流价值观上，承担着重要的角色，因而在思想政治教育方面也具有很强的示范功能与借鉴价值。下文选取电影《建军大业》与《我和我的祖国》所引发的网络舆论反应为研究对象，对宏大叙事与微观叙事两类宣传与传播方式进行比较研究，以更好地揭示相关问题的特征与规律。

二、研究设计

为研究不同类型的主旋律电影的爱国主义情感表达效果，本章选取《建军大业》和《我和我的祖国》两部影片，主要原因是两部电影分别在 2017 年、2019 年上映，时间相近，减少了因上映时代背景不同而导致的大家审美标准差异较大等影响因素，可比性较强。并且，两部电影在主旋律电影中都是非常优秀的作品，具有优秀的票房表现并获得了较为积极的舆论反响，为研究样本提供了丰富数据来源，方便从多个角度设置变量开展比较分析。

《建军大业》作为献礼建军 90 周年的历史片，是"建国三部曲"系列的第三部，讲述了第一次国内革命战争失败后，为继续革命、拯救国家，中国共产党于 1927 年 8 月 1 日在江西南昌举行武装起义，组建中国共产党领导的人民军队的故事。《建军大业》与前两部"三部曲"作品风格相似，邀请许多明星重现历史伟人，运用大量特效和场景制作重现历史场景，通过艺术性的叙事场景，真实地还原了中国共产党人创建革命武装的时代背景和艰难历程。这部影片是以宏大叙述表达的主旋律电影代表作，且由于其在 2017 年上映，时间相对较近，有利于数据搜集和减小不同年代的背景差异对研究对比造成的影响。

《我和我的祖国》于 2019 年上映，在新中国成立 70 年间选取了七个重大历史事件，讲述了普通百姓与共和国息息相关的故事，包括《前夜》《相遇》《夺冠》《回归》《北京你好》《白昼流星》《护航》七个单元。影片中的主人公都是平凡生活里每一个人的缩写，但他们展现出的无畏、牺牲、奋斗的时代精神却最大程度展现着"我和我的祖国"的主题。与《建军大业》不同，《我和我的祖国》采用从微观角度出发的叙事方式，加上大量生活场景、时代特点的重现，让观众感同身受。通过研究《我和我的祖国》，可以得到观众对这类平凡叙事电影的态度，与《建军大业》所代表的宏大叙事作对比，可以对未来主旋律电影的制作以及爱国主义情感的宣传提出一些建议。

研究样本收集方面，本章首先选择了猫眼平台上两部电影的评论。猫眼是国内最大的在线电影票务平台。根据 2019 年全年电影票务总交易额统计，猫眼的市场占有率超过 60%[①]。由于大部分观众会选择通过猫眼平台购票观影，所以观影后在猫眼上

[①] 猫眼专业版微信公众号：《2019 中国电影市场数据洞察》（2020 年 1 月 3 日），https://mp.weixin.qq.com/s/Y93jy7Wg-XlDTZp4Dkoq1g（访问日期：2024 年 6 月 15 日）。

进行评论、评分的人数也会占大部分比例。选取猫眼平台上的评论可以较为全面客观地了解观众对于两部电影的看法和态度。选定平台并统计两者的评论数后，《建军大业》和《我和我的祖国》分别有 13546 条和 296201 条，随机各抽取 10000 条评论作为研究样本。

在数据分析方面，主要从以下六个角度（见表 8-1）对研究样本进行分词、制作词云图等处理，然后将两部电影的评论进行对比，并分析背后的原因和带来的启发。

表 8-1　数据分析中的分析角度及含义

分析角度	含义
高频词对比	对样本进行分词后，制作高频词词云图
高频词词频对比	对样本进行分词后，统计高频词的词频
情感分析	用 python 进行情感分析
长短句分析	定义字数大于 15 的评论为"长评论"
评论数比较	比较评论数量的差别
热评比较	定义点赞较多、平台自动推荐的评论为"热评"

三、分析结果

本章从高频词对比、高频词词频对比、情感分析、长短句分析、评论数比较、热评比较六个角度对研究样本处理，然后将两部电影的评论进行对比，并分析背后的原因和启发。

（一）高频词对比："明星"与"剧情"侧重不同

从词云图（见图 8-1）中可以看到《建军大业》的评论中出现频率较高的词语。对此进行分类研究，词语主要可以分为三类：第一类是对于影片的总体评价，第二类是影片所牵涉的名词，第三类反映观众影片的情感。

图 8-1 《建军大业》评论词云图

第一类总体评价词中，出现了两种评价，分别是"好看""不错""挺好"和"一般般"，其中前者认为影片不错的数量较大，说明观众们对于《建军大业》的评价大体上较为满意。第二类影片所涉及的名词中，数量最多的是"小鲜肉""电影"和"历史"，其次是"明星""祖国"及历史人物的名字、明星的名字，说明在《建军大业》中观众们关注参演明星多于关注作品本身所反映的历史故事。《建军大业》作为主旋律和商业电影相结合的影片，充分发挥了明星效应来吸引观众，但是对于故事的呈现和内涵意义的传递没有很好地发挥。第三类是观众对于影片的情感态度，出现得最多的词是"喜欢""震撼""热血沸腾""感动"，说明《建军大业》成功传达出了主旋律电影的历史宏阔和英雄传奇。

从《我和我的祖国》评论词云图（见图8-2）中可以发现，出现频率较高的都是正面感情的词语，如"好看""自豪""感动""感人""强大"，表现出观众对于电影本身的高度赞赏以及观影后强烈的国家自豪感。其中，"小人物""感触""平凡""热泪盈眶"等词反映了《我和我的祖国》采取的从小人物视角展开的叙述带来的观众的共情和代入感。如果说在《建军大业》中观众是以第三方的视角观看这一历史重大事件，那么《我和我的祖国》则是通过平凡个体的经历和对话将观众拉入情境本身，后者更能引发观众与爱国情怀有关的独特记忆和更深层次的爱国情怀。另外，同样是"全明星"阵容的影片，与《建军大业》评论中的"明星""鲜肉""演员"等高频词语不同的是，《我和我的祖国》的影评更注重剧情本身，也体现了后者在故事塑造以及主题表达上更加到位。

图8-2 《我和我的祖国》评论词云图

（二）高频词词频对比：明星效应转移宏大叙述的关注度，微观叙事引发情感共鸣

针对评论中出现频率最高的 30 个词进行频数统计（见图 8-3），发现两部电影的评论中出现多的都是"好看"，由于"好看"是许多艺术作品的共同特点，故这里省略这个词，根据剩下的 30 个次出现频数词制作柱状统计图进行比较分析。

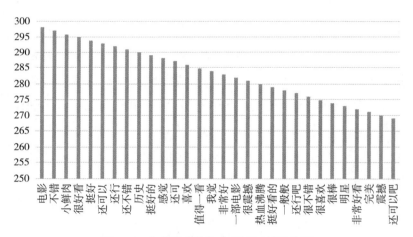

图 8-3 《建军大业》高频词词频柱状图

针对评论中出现频率最高的 30 个词进行频数统计，结果发现"好看"一词的出现频次高达 500 次，剩余 29 个词的频次在250 至 300 之间。频次最高的前十个词中，主要是对于电影的正面评价词。而"电影"和"小鲜肉"两个词的词频高居前列说明电影演员阵容中出现的年轻一代流量明星是观众们关注的一大热点，充分体现了《建军大业》主旋律电影商业化的特征，它

试图发挥明星效应来拉近历史人物与观众之间的距离，形成主旋律电影的身份下沉。频次排名在第 11 至 20 的词中包含"历史""震撼""热血沸腾"，说明《建军大业》在历史场景方面让观众相对满意，利用电影特效等新兴技术的逼真还原，使观众们热血沸腾，被历史所震撼。在剩余的 10 个词中，出现了电影的相对中性偏负面的评价"一般般"，代表了一部分观众的看法，这也是主旋律电影的共同问题：与观众存在距离感和陌生感。同时，"明星"一词再度出现，说明本片的明星效应非常显著。

在《我和我的祖国》评论中出现频率最高的 30 个词语（见图 8-4）中，排名前二的分别是"祖国""故事"，其中"故事"反映出观众对于《我和我的祖国》这种通过普通人的故事来反映国家进步和时代特点的方式印象比较深刻，而且更易接受。特别是在过去几年大量宏大叙事回忆历史的影片衬托下，这种微观个

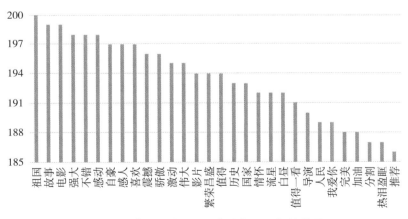

图 8-4 《我和我的祖国》高频词词频柱状图

体的叙事更能打动观众。与《建军大业》评论中高频词汇不同的是，"强大""感动""自豪""感人""震撼"等直接表达爱国情感的词语排位非常靠前，这也是由于从微观角度入手更能自然地引发读者的强烈情感。虽然观众并不一定全部亲历了影片中涉及的七个重要历史事件，但与故事中的人物是没有距离感的。无论是为了开国大典上升旗仪式顺利进行出力献策的北京市民，还是上海里弄的大人与孩子，都是千千万万普通观众的代表。这促使人们将自己当成故事中的人物，有感而发地写下"骄傲""激动""热泪盈眶"这样的评论。

（三）情感分析：微观叙事有更多的正面评价，宏大叙述难以走进观众内心

对两部电影的评论进行了情感分析（见图8-5、图8-6），将观众的评论情感分为四类，具体定义如下表所示。

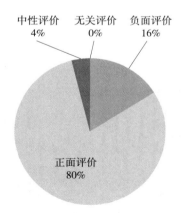

图8-5 《建军大业》评价
情感分类占比

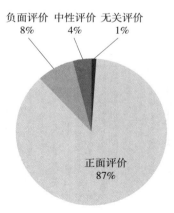

图8-6 《我和我的祖国》评价
情感分类占比

表 8-2　情感分析分类

名称	定义
正面评价	对电影中的情节、内容、价值观表示赞同，评论中出现"喜欢""爱"等情感词
负面评价	不认可电影情节、内容、价值观，评论中出现"讨厌""烂"等情感词
中性评价	对电影的评论中有褒有贬，没有明显的情感立场
无关评价	与电影本身无关的评价，只有对于影院、购票系统的评价等

由两部电影的评价情感分类占比图可以明显看出，《我和我的祖国》正面评价数量高于《建军大业》7个百分点，负面评价占比只有后者的一半，说明《我和我的祖国》更让观众满意、认可，更加能激起观众心中的爱国热情。本章还将两部电影的正面评价词云图（见图8-7、图8-8）进行了对比，发现《建军大业》的高频词集中在"不错""明星""演员""鲜肉""演技""历史"，情感词鲜少出现，观众更多地关注电影表演的浅层内容，电影不足以激起观众们心中的共鸣情感。而《我和我的祖国》的高频词集中在"中国""祖国""感人""故事""自豪""爱国""骄傲"，这么多情感词的出现说明《我和我的祖国》真正走进了观众内心，与他们心中对于祖国的情感和谐共振。宏大叙事虽能表现出恢宏的历史空间，但是很难激发观众的真情实感，而从小故事切入的微观视角更能让观众们体会到平凡人的爱国之心和民族大义。

图 8-7 《建军大业》正面评价词云图

图 8-8 《我和我的祖国》正面评价词云图

在两部电影的负面评价词云图（见图 8-9、图 8-10）中，发现《建军大业》的高频词又包含了"明星""鲜肉"两词，说明年轻演员虽然能为电影带来流量和关注度，但是观众们对于他们在电影中的表现不甚满意。宏大叙事的爱国主义电影经常需要塑造英勇无畏的历史人物，要表现出这样英雄人物的非凡气度、民族大义并非易事，如果由年轻明星演员来担纲此重任，不免会遭受观众们的质疑。虽然流量明星的出演让恢宏壮大的历史片走近了一部分观众，但是这样的身份下沉依旧无法达成爱国主义教育的目的。与之对比，在《我和我的祖国》中也出现了年轻演员的身影，但在负面评价的词云图中未出现相关的高频词，从平凡人物的角度叙事，让年轻演员饰演平凡小人物，观众们对于角色的期待值不会过高，也能充分发挥明星效应。

图8-9　《建军大业》负面评价词云图

图8-10　《我和我的祖国》负面评价词云图

（四）长短句分析：故事性才能引发更深感慨、更多思考

在评价字数方面，加入"长短评论"这一指标，将字数大于15的评论归为长评论，并对长评论的字数做了统计，得到

图 8-11。总体来看，由于平台限制，评论的字数都在 300 字内。《建军大业》共 2806 条长评论，其中超过 150 字的共 25 条；《我和我的祖国》共 4059 条评论，其中超过 150 字的有 147 条。

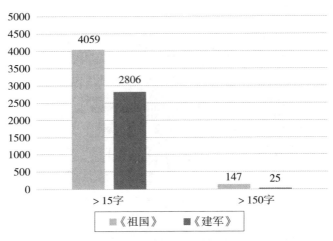

图 8-11　两部电影长评论比较柱状图

长评论往往代表着观众对电影有更深的感触，所以选用这一指标可以对比两部电影对观众情绪的影响和带动效果，看是否引发了观众的思考和互动。相比而言，在长评论方面，《我和我的祖国》明显比《建军大业》表现更为突出。可见，许多观众在写下这部影片的影评时，都会有更多话想说。从反响和热度来看，《我和我的祖国》无疑是更为成功的。

在《建军大业》的长评论中可以发现很多关于角色本身与演员演绎之间的讨论，如字数最多的几条评论中有"各路英雄虽然外形跟真人不像，但是精神气质拿捏得都很到位""导演选人选得很好""这帮'小鲜肉'饰演的角色除了年龄与当时的人物差不多之外，其余都是在亵渎伟人"等言论。对于这类重述历史事件的作品，观众们由于已经非常熟悉故事和人物本身，会下意识地将观影重点放在评判演员表演是否到位上。从铭记历史、缅怀先烈的角度出发，我们确实需要这类宏大叙事的作品，因为这种高视角大环境更能彰显中华民族厚重的文化与艰辛的奋斗历史。但是从爱国主义教育的角度来说，这种宏大叙事很难让观众全身心沉浸于故事本身，去感受英雄们在历史节点时展现出的无畏和牺牲，所以影片在发掘人们内心情感共鸣、增加群众对于爱国情怀的认同上，并不是非常有效。

在《我和我的祖国》长评论中，大部分都是关于影片情节本身及由此自然生发的爱国热情。在这一点上，微观个体情感记忆的呈现显得更加有效和深刻，很多类似的评论都可以印证。例如，"我看到的是每个平凡的我们，每个因为伟大祖国改变的高光时刻，而骄傲自豪的我们""当主题曲响起时，坐我旁边的一位六七十岁左右的奶奶，也是跟着唱完了整首歌，整个影厅也进行了一场大合唱""因为正是小人物的小故事，更能深入老百姓的内心，更能撞击老百姓的情感"，等等。观众并不排斥《建军大业》那样的宏大叙事，但对于《我和我的祖国》这种用平凡个体记录国家进步的形式更感兴趣，内心波动也更剧烈。从电影的表达效果来说，越是能激发人们思考的作品，也就越接近创作团队的初衷，越能起到爱国主义"润物细无声"的宣传效果。

（五）评论数比较

由《建军大业》和《我和我的祖国》的评论数比较（见

图 8-12）可以看出，两者的评论数有很大差距。《建军大业》的评论数为 13546 条，而《我和我的祖国》的评论数高达 296201条，数量约为前者的 20 倍，从评论的数量级差距可以看出《我和我的祖国》在网民中的关注度更高。

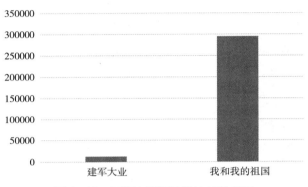

图 8-12　两部电影评论数比较柱状图

《建军大业》作为《建国大业》《建党伟业》系列的第三部作品，在形式上延续了前两部的风格，以较高的文化姿态记叙了宏大而深刻的革命浪漫传奇。该片的主人公依旧是革命领袖和英雄模范，使得其表达内容不可避免地不接地气。这也导致观众们虽能理解其主旨含义，但缺乏感同身受的共情体验。然而在《建军大业》中不仅有实力演员担纲主角大任，还邀请了一众流量明星在其中客串角色，充分发挥了明星效应，让高大上的主旋律电影实现了一定程度的身份下沉。同时，随着电影产业技术的发展，先进的数字化制作使得逼真地还原历史场景成为现实。在《建军大业》中，大量运用的特效让历史故事立体而真实地展现在观众面前，更加渲染了历史的恢宏凝重及英雄人物的光辉形象。相比前两部电影，

《建军大业》在主旋律电影商业化中力争做到极致，其受关注度有所上升，不过在叙事方面仍然与观众有疏离感和陌生感。

与之相对比，《我和我的祖国》用七个小故事串联而成，主人公也不再是伟大历史的主要缔造者，而是变成了历史中平凡却也十分重要的小人物。或许观众们都不曾听过他们的名字，但是在那样的情景下，小人物所流露的情感更贴近观众内心。这部电影没有特意渲染宏观而抽象的高尚情感，而更多地将人物的情感糅进了具体的人物行为中。例如，在《前夜》篇中，工程师林治远为了确保开国大典上的升旗仪式万无一失，一直在研究修复旗杆，从开始的紧张到成功升旗的激动心情，牵引着观众们的心情也随之跌宕起伏；《相遇》中的高远因为科研工作的保密性而无法与爱人相认，家国情怀与儿女情长的矛盾冲突牵动着观众们的心。故事中的主人公为了社会安定、民族荣耀、国家使命等崇高的目标而努力奋斗，这种精神被转化为普遍但易于观众共情的情感，更能够激发观众内心对于祖国的热爱和民族情感。同时，作为新中国成立七十周年的献礼片，在国庆节这一特殊时间点上映，也更容易引发观众的共鸣。

（六）热评比较：从质疑演技到感同身受

除了摘取长评论之外，本章也收集了两部电影的热评，即平台会自动推荐阅读的点赞数较多的一些评论，代表了观众对那些评论更加认同。此处将这些热评的内容、字数、点赞数通过表8-3、表8-4呈现，可以对比两部电影引发的最强烈的舆情反映。

表 8-3 《建军大业》热评

序号	日期	评论	字数	点赞
1	2017.07.27	我想没有这些勇士当年用鲜血铸就的中国，就没有我们现在的和平。很燃，值得一看。特别意外的是周恩来感觉格外的帅	54	3959
2	2017.07.27	革命代价无上光荣，千难万险，九死一生。生死相许人民的幸福，流泪哽咽着	36	2188
3	2017.07.27	效果很震撼。一些小细节演员们演得也很到位，每一个眼神、表情、动作都蕴含着他们对这部电影和这段历史的理解。总之，Perfect	64	2017
4	2017.07.27	这部电影把我给看哭了，身边有俩老爷爷在电影最后站起来敬礼，实在是没忍住心中的热血，眼眶湿润，小鲜肉们演得非常不错，今年看过的最好的国产片，没有之一	76	1472
5	2017.07.27	被欧豪圈粉了	6	900
6	2017.07.27	电影还是不错的，但是和历史的人物设定有偏差，减分，鲜肉上场确实有可圈可点的地方，看了后挺感慨，江山打下来确实不容易，但是! 但是! 电影有一个关键的减分环节让人看着恶心，某人（避免被喷，不想多bb，演得差是真心话）把英雄气概演成了地痞无赖的气息，看一次恶心一次，无奈了都，还有汪精卫说话没这么恶心，做的事也需要你们自己多去了解，蒋介石有自己的一面。有些东西自己多了解，看了电影、电视剧就评论一个人，毕竟大陆拍的，多看看中性评价	213	707

序号	日期	评论	字数	点赞
7	2017.07.27	看陈赫和白客塑造一个认真严肃的形象还是会有点出戏，前面周恩来的戏份很多，很喜欢欧豪的叶挺，指挥打南昌的时候真是帅炸，张涵予扮演黑帮老大很合适，气质蛮像，完全不会有想睡觉的感觉，一直很亢奋吧。朱德的扮演者忘记叫什么名字，演得很好，吸烟思考的时候很沉稳，但是可能形体上跟历史上的朱德有差距	139	593
8	2017.07.28	个人认为，建军大业是一部值得看的电影，不要评价演员阵容，建军是1927年7月27日，那个时代，毛主席、周总理是青年，刘烨、朱亚文来演再合适不过了，很期待亚文演的周总理，对周总理是崇拜，对朱亚文是喜欢，期待中	103	49
9	2017.07.27	我的天啊！去年年底我说，明年八一我相信，这个十分会给得值的，事实证明我想的没错。电影从场景到摄影，从配乐到表演，无一不是上乘，选这么多新鲜面孔的青年演员或许会有不少人酸。但他们所做的强有力地证明他们可以。现在或许南昌起义、三河坝战役、井冈山会师等等只是教科书上的几段话，但当《建军大业》真正把这些呈现在银幕上，能让更多的新一代青年更了解那段峥嵘岁月，每一个人都应该向前辈致敬	188	25
10	2017.08.03	喜欢李某某，期待，明天去看	13	28

在《建军大业》的 10 条热评中，有 9 条正面评论，1 条负面评论。这些评论大多从演员演绎的角度发表感想，对此观众褒贬不一。其中，在第 6 条的负面评论中，差评的主要原因是，该观众认为电影塑造与历史人物的真实形象存在偏差。而这一点，与之前本研究对长评论的分析是一致的。每一个观众对于历史人物都有自己不同的理解和定义，很难判定谁对谁错。但是，观众在观影过程中也会很容易将主观的看法带进对整部电影的观赏，并很大程度会影响对这部电影的评价。当观众的个人喜好在社交平台、网络上发酵扩大，必然会给舆情带来一定影响，致使一些没有看过电影的群众会因为此类负面的声音对类似的影片产生先天的抵触情绪，最终导致影片希望达到的爱国主义宣传效果大打折扣。相反，第 4 和第 9 条评论提到，虽然电影选用了一些年龄较小的演员，但他们的演绎也是成功的。整体上讲，观众大多还是会被影片渲染的历史伟人为革命作出的贡献感染，但还是存在一些负面的声音。

表 8-4 《我和我的祖国》热评

序号	时间	评论	字数	点赞数
1	2019.09.30	看到评论里，很多人说看不懂原子弹那段，我觉得我可以解释。我也是后来听我爸爸说的，我爷爷就是参加那场科研的人员之一，突然有天就失去联系了，去单位里也找不到人，一直到新闻说原子弹爆炸成功了，国家才派人到家里来送抚恤金，因为爷爷在科研过程中，被辐射了，一年前就	223	130100

序号	时间	评论	字数	点赞数
1	2019.09.30	已经死了。因为是秘密研究，所有科研人员都是临时受命，接到命令就马上离开了，甚至没来得及跟家里说一声，而且在科研过程中，也是不允许跟家里有任何联系的，所以我们是事后才知道爷爷去做了什么，他是英雄		
2	2019.09.30	黄渤的演技没话说，剧情紧凑，非常完美的开篇。陈凯歌的《白昼流星》中，陈飞宇、刘昊然可以明显看出刘昊然演技略胜一筹，无论是眼神，小动作这些细节都将一个痞子演绎得淋漓尽致。葛优仍然完美地证明了 *** 就是 ***。强大的导演和演员阵容将国家发生的重大事件通过一件件小事展现，总之一个字——牛	137	24779
3	2019.09.30	我姥爷是四野司令部机要参谋，姥姥为部队医院总护士长。1955 年，四野撤消，四野司令部在武汉解散，姥爷分到二机部，赴江西乐安铀矿任勘测大队党委 **，为第一颗原子弹挖矿，他们那一代人真的是祖国哪里需要，就奔赴哪里，隐姓埋名，以身许国	112	39659
4	2019.09.30	我坐到影院看完这部电影，擦干眼中的泪水，心中万分自豪，这是一部讲述了我们从新中国从成立到现在的历程，一个新的国家从无到有的建设过程。在一辈辈的先烈的奋斗下，才有了我们现在的生活，如果没有他们的付出，我们现在不知道会是什么样的	265	7504

序号	时间	评论	字数	点赞数
4	2019.09.30	生活。正像《相遇》里的高远一样，因为有他们在默默地付出，因为有他们舍弃小我，成全大我，我们的国家才会飞速的发展。正如大家所说的，哪有什么岁月静好，只是有人在负重前行。当年建国时被别人武力威胁，人民吃不饱、穿不暖的新中国，现如今已是一片繁荣、山河犹在、国泰民安，不会再成为别人讹诈的对象。这盛世，如你们所愿		
5	2019.09.30	其实应该9.5，觉得因为《白昼流星》而丢0.5不公平。《我和我的祖国》，1949 年 10 月 1 日下午 3 时新中国成立，1964 年 10 月 16 日下午 3 时中国第一颗原子弹爆炸成功，1984 年 8 月 8 日中国女排在洛杉矶奥运会夺得冠军，1997 年 7 月 1 日零时香港回归，2008 年 8 月 8 日晚上 8 时北京奥运会，2016 年 11 月 18 日 13 时 59 分神舟十一号飞船返回舱成功着陆，2015 年 9 月 3 日纪念抗战胜利 70 周年阅兵式。ps 感觉《白昼流星》有 bug！故事讲的是神舟十一号但竟然用杨利伟，这样误导了！杨利伟乘坐的是神舟五号！2003 年 10 月 16 日 6 时 23 分安全返回主着陆，结尾也放的是神舟五号纪录片	286	4148
6	2019.09.30	《前夜》：每个人都在为国旗顺利升起做贡献，不管有没有用都把家里的东西拿出来希望派上用场。毛主席升旗	276	3298

序号	时间	评论	字数	点赞数
6	2019.09.30	时采用当时纪实素材，当说出"中华人民共和国中央人政府成立了"，眼泪就那么自然地就出来了。《相遇》：张译饰演的研究原子弹的默默无闻的科学家，三年没与家人联系，在车上与恋人相遇却不去相识。当得知第一颗原子弹爆炸成功，游行人们齐唱《歌唱祖国》，眼泪自然下来了，两人终相遇。《夺冠》：大家邻里街坊一起扎堆看女排决赛，半导体、瓜子、西瓜、大茶碗，大家为了女排呐喊助威，那种感情是多么真挚！《回归》：香港回归，零时零分零秒升起中国国旗是我们的底线，香港回归是中华民族雪耻的标志，每一个细节都不容出错		
7	2019.09.30	祖国昌盛，民族富强！我爱你，中国	18	2435
8	2019.10.01	我看到香港回归那段，真的哭了，希望更多的香港市民多多了解中国的历史，感谢老一辈为我们打下的江山，带给我们和平美好的生活，愿祖国越来越强大，给我们子孙后代造福。感谢毛爷爷、感谢革命烈士。"吃水不忘挖井人"	339	3451
9	2019.10.01	开国大典中五星红旗的故事，感人至深；中国第一颗原子弹爆破成功离不开许多无名英雄的默默付出；中国女排三连冠鼓舞着每一个热爱祖国的中国人；香港回归祖国见证了中华民族	240	1721

序号	时间	评论	字数	点赞数
9	2019.10.01	的崛起和伟大复兴，我至今难忘那个激动人心的夜晚；2008 年北京奥运会打开大门，五洲四海齐聚北京，世界是地球村；2016 年神舟十一号成功着陆！中国航天，一往无前！2015 年 9 月 3 日庆祝抗日战争胜利七十周年阅兵，每一段故事都是真实取材再现，看到中华民族团结向上的民族魂！我爱你，中国		
10	2019.09.30	新中国自 1949 年十月一日成立走到今天，位居世界强国前列，其中辛酸难为外人道。强推这部电影，让新一代见识祖国的辛酸历程	59	1716

《我和我的祖国》的 10 条热评均为正面评论，且有 8 条字数在 100 字以上，从字数上就可以比较直观地看出，观众对于《我和我的祖国》的反响更为强烈，有更多的思考和感想。其中，比较特别的是第 1 条和第 3 条评论，这两段评论都讲述了自己的祖辈关于原子弹研究的故事。这也是《我和我的祖国》微观叙事的一大亮点，观众通过电影中的故事能够找到自己生活中的与之相通之处，从而引发共鸣和更深的感情。除此之外，第 4、7、8 和 9 条评论中都直接出现了"我爱你中国""愿祖国越来越强大""自豪"等词语，感情表达比《建军大业》热评更加直接和强烈。这也是观众对电影评价更高、电影主旨表达更成功的表现。

四、总结与思考

随着时代的变迁，人们对于艺术作品的态度和评价标准也在发生着变化，爱国主义等社会主流价值的传播与弘扬方式也应当紧跟对象群体特点以及网络舆论的反应等做出相应改变。宏观叙述的宣传在过去相当长一段时间是有显著效果的，通过观念的潜移默化影响、歌曲传唱、文字阅读等传统方式，有力地弘扬了民族精神和国家情感。但随着互联网的发展、社交平台的流行，主流价值观念如何更好地通过艺术作品的形式在网络空间中推陈出新，更好地彰显出价值引领的社会功能，是我们应当关注的方向。具体地讲，就电影等艺术表现形式而言，相较于过去宏观叙述的逻辑，娓娓道来的微观叙事或许能够更好在海量作品中打动观众，将要表达的情感与价值观念传递到人们的内心深处，争取到大家的情感认可与价值认同。基于此，从《建军大业》和《我和我的祖国》两部影视作品所引发的网络舆论比较中，可以发现一些规律，并为今后通过电影等艺术类作品更好地讲述中国故事，在网络空间更好地传播与弘扬爱国主义等社会主流价值观进行一些总结与思考。

（一）细微视角，艺术下沉：有细节的平凡故事更易传播

电影的叙事视角决定一部影片的艺术形态和意识表达。[①] 毫

---

① 韦华、王文中：《〈金刚川〉：红色题材电影的现代转向》，载《电影文学》2021年第 9 期。

无疑问，主旋律电影与国家的厚重历史密不可分，历史议题是宏大的，但历史也由无数个平凡的小人物所组成。电影镜头对个体生命故事的叙述和呈现，使得人物形象更为立体，故事传播也有更多的抓手。《我和我的祖国》以微观视角切入，采用微观叙事的方式，从细节展现主题。开国大典的历史片段给人留下深刻印象的是毛主席铿锵有力的话语、天安门上庄严肃穆的仪式感。电影片段逼真地还原了历史场景、塑造了英雄人物，这些固然能给观众们沉浸的感受，但《我和我的祖国》从负责开国大典升旗的普通工程师视角切入，展现他为了旗杆和国歌能够相匹配、顺利运行所付出的努力和艰辛，把小人物、故事和历史大事件相结合，让观众有更好的讨论载体，进而从个人的经历看见时代的主题，让我们知道了祖国是如何在 70 年里一步步繁荣昌盛，爱国主义精神是如何从实事落实的，而不是停留在口头上。微观却不渺小、平凡却不平庸的普通人视角，不断鼓励着观众由被动的爱国者转变为履行爱国主义精神的主人翁。[1] 相比以往的宏大叙事所带来的距离感和生疏感，小人物的故事及精神更容易在观众们的心中落地生根。

不仅是电影，很多艺术作品都需要下沉到人们的生活中，才能真正引发受众的共鸣，起到爱国主义的宣传和教育意义。与此类似的还有纪录片《我在故宫修文物》。这部纪录片抛弃了传统文物介绍类节目单一、笼统的介绍方式，选择以微观视角讲述，从故宫匠人们的日常生活入手，通过记录他们的生活来展现故宫

---

① 李滨娜：《〈我和我的祖国〉微观视角下的爱国主义精神表达》，载《电影文学》2019 年第 24 期。

文物修复及文物本身承载的故事与历史，进而让观众感觉到中华民族厚重的历史和祖先勤劳智慧的形象，从而产生民族自豪感。而艺术下沉最重要的一点，是避开主旨的直接表达，从生活、细节以及与受众密切相关的角度，侧面烘托主旨和情感，用自下而上的启发式表达代替没有附着物的爱国主义输出。以细节和平凡见长的故事很容易传播。

（二）明星引流，适合为宜：坚持为作品本身服务更易走进群众

在我国电影进入商业大片时代后，流量明星成为粉丝经济的代言人，同时大量明星加入了新主流电影的演员阵列，让年轻电影观众有了越来越多的观影行为，同时也使观众的观影注意力由电影内部本体叙事转向演员表演。[①] 因此，如何更好地发挥明星效应，使电影故事本身及其传达的精神回归到被关注的主位，而不是被流量明星本身的争议、赞誉等喧宾夺主，还是需要继续探索的问题。在宏大叙事的主旋律电影中，主人公往往都是英雄气盖世的历史伟人，在每一个国民心中都有一个大致的英雄形象，观众们不可避免地会对电影中的英雄人物要求甚高。因此，选取演技过硬的老戏骨更能担起重任，满足观众的期待。但是流量明星为电影带来的关注度也不可忽略，尤其是对年轻观众群体的吸引力往往令人惊叹，而主旋律的电影更加需要这种广泛的传播。所以爱国主义电影起用一些流量明星担任角色也无可厚非，这时

---

① 李凯强：《新感性时代：新主流党史题材电影的情感价值生产与意义感知》，载《电影文学》2021 年第 19 期。

便需要寻求流量演员和老戏骨之间平衡的艺术手法。例如，在叙事层面，从微观视角入手，让流量演员、年轻演员饰演适合自己的、能把握住的小人物，最大限度地降低"出戏感"，保持电影高标准的品质和审美，进而能够兼顾大多数人的品味。电影《长津湖》便在此方面做得较为成功，该片中的著名演员所扮演的角色大多是历史虚构人物，如流量明星易烊千玺所扮演的伍万里跟随他哥哥伍千里的革命脚步，从一个涉世未深的孩子成长为一名志愿军军人。带有巨大流量的年轻演员易烊千玺既为电影带来了部分流量，同时以在线的演技将虚构的小人物演绎得很好，成功赢得了粉丝和普通观众的赞誉，电影本身也得到了良好的传播。

在爱国主义宣传方面，近些年也出现了很多明星引流的正面案例。例如，与传统宣传方式不同，2019 年国庆期间，大量明星演唱歌曲《我和我的祖国》的视频在网络流传，引起网友热议以及许多二次创作，起到了非常好的宣扬与传播爱国主义的实际效果。因此，在主旋律作品中可以适当运用明星引流的作用，给大家传统印象中刻板单一的教育话语注入更多鲜活、有吸引力的元素。人们在欣赏相关作品的过程中，也会更容易接受作品中所蕴含的核心理念与主流价值。但是需要注意的是，明星只是扩大影响力的一部分，任何时候都不应成为作品吸引眼球的全部。以另一部文物类综艺节目《国家宝藏》为例，节目邀请当红明星作为"国宝守护人"，通过舞台表演演绎文物的前世今生，明星效应和主旨突出之间的比例非常合适，明星只是为文物增添了趣味性和吸引力，并不会喧宾夺主地减弱文物本身的魅力。

（三）强化形式为内容和主旨服务的观念：怎么讲故事非常影响内容的传播

电影形式与内容的关系并不是非此即彼的问题。形式是内容的传递媒介，内容是形式的表达本源，二者相互依存，不可分离。[①] 在主旋律作品的创作历史上，曾经出现过形式主义泛滥而导致恶搞历史、曲解艺术的问题。例如，一些作品为了表现中华儿女的英勇无畏，将形象塑造成无所不能、神通广大的"超人"角色，严重缺乏对历史和艺术的尊重与敬畏。在主旋律宣传和作品创作中，无论是平凡人的微观叙事，还是明星出镜的热点创造，都是形式以及表达方式上的创意和亮点。但一定要谨记，必须以内容和主旨为先，不能使主题为形式让路。否则，即使获得了一时的关注和热度，作品也经不起观众的推敲和时间的检验，在爱国主义宣传效果上也会大打折扣，甚至让群众对主旋律作品产生抵触情绪，效果适得其反。

《我和我的祖国》的部分负面评论也提到了"单元"拼接式电影的弊端，如由于每个单元时长有限，且涉及人物较多，导致一些角色个性不明、剧情逻辑难以解释，使电影失掉了一些真实性，等等。实际上，与《建军大业》等只讲述一个事件的电影拍摄手法不同，《我和我的祖国》由于要通过微观单元叙事来反映新中国成立 70 年里的历史变迁，确实有利有弊。首先，如观众所指出的，由于一部电影的时长有限，每一个单元故事的创作受

---

① 梁明、万子菁：《形式即内容——曾念平电影摄影风格》，载《当代电影》2009年第 2 期。

到的限制增大，加之不同的单元导演、编剧不同，创作风格方面也难以统一。甚至电影一开拍各个单元的导演便被进行比较和拉踩，电影整体也难免在内容细节、逻辑交代和群像人物刻画上有所欠缺。但是故事组合的形式可以将更多的人物纳入电影当中，整体的故事线将年代跨度尽可能地拉长，也使得电影内容整体较为丰满。其次，不同类型的故事的安排、众多演员的加入，在满足不同观众的审美需求的同时，吸引了众多的观众、粉丝支持自己喜欢的演员，这样能够天然地扩大观众面向和宣传素材，极大地提高电影在网络空间传播热度和讨论声量。

其实，无论以怎样的形式进行电影叙事、拍摄、剪辑，主旋律电影对于主题精神的把握都是第一位的，任何形式都应该为内容服务。因此，无论是聚焦于一个故事，还是聚焦于多个故事，无论由谁来演其中的角色，无论运用了多么酷炫的科技，电影对爱国主义精神的传播都是其核心，所有的形式都在为这一主旨内容服务。而电影《建军大业》和《我和我的祖国》在这一层都做得很好。也许，无论从创作还是传播的角度来看，世界上没有完美的电影作品，但是尽可能地扩大主旋律电影的影响力，提升爱国主义的宣传和教育效果，是每一位主体创作者和传播者应尽的职责。

第九章 数字时代的网络舆论生态治理思考

　　以互联网为代表的新媒体改变了信息流通的路径，重构了信息传播的结构。数字时代，许多民意喧哗现象的出现不一定是因为事件本身的性质，也有可能是舆情应对不当所导致的。当前，大数据技术成为挖掘舆情规律、转变治理思维、创新治理模式的支点，并有望成为提升数字时代网络舆论生态治理能力的拐点①。网络舆论治理是建设网络生态系统重要的一环。数字化时代，系统化地构建网络舆论生态的治理体系，推动网络舆情治理的科学、有序、可持续发展，是实现网络舆论生态持续向好的必然之举。

　　进入社会主义新时代，国家治理体系与治理能力现代化在各个方面均有了新的突破与进展，舆论场域的国家治理现代化亦取得了阶段性成果。首先，官方媒体积极顺应时代发展的潮流，新媒体和传统媒体融合发展，利用大数据与云计算技术进行新闻生产，增强新闻时效性与准确性。在重大社会事件发生时，官方媒

---

① 朱伟胜、袁建、索朗卓玛：《大数据视野下的网络舆情治理》，载《西藏日报（汉）》2016年1月4日。

体借助独有的资源，第一时间进行事实报道，有效提高了自身的权威性与公信力。其次，积极利用微博、微信等新媒体平台，拓宽传播渠道，以群众喜闻乐见的形式，进行政务报道与主流思想的传播，更加利于群众接受，减少平台与民众的距离感，让传播的内容真正深入人心。同时，官方媒体正在转变舆情引导角色，利用新媒体平台搭建舆情共治桥梁，并发挥网络"大V"、高校、专家等舆论传播主体的作用，逐步建立多元化舆论共治体系，推动舆论领域的国家治理现代化。

然而，任何领域的发展都是一个螺旋式上升的过程，舆论治理也不例外。现代化的发展并非一帆风顺，仍然任重而道远。舆论领域演变错综复杂，呈现出泛娱乐化、极化、民粹化等问题。首先，正如尼尔·波兹曼所言，"一切公众话语日渐以娱乐的方式出现，并成为一种文化精神"①。当今网络舆论环境中的娱乐化倾向愈演愈烈，消费至上、娱乐至上已经成为键盘侠们的信条，真相如何似乎并不重要，敲击手下键盘，跟随大部队的观点进行情绪宣泄才是网络舆论的常态，理性发声在很多时候被淹没在网络暴力的浪潮中。其次，在热点事件的讨论中，舆情极化现象体现得尤为明显。舆情极化往往会导致网络舆论传播有明显的圈子化倾向，产生回音壁效应，增强每个成员对自身观点的认同感，从而进一步走向极端，很容易造成负面的后果，包括但不限于情绪发泄式的粗俗言论、"人肉搜索"等网络暴力行为等。最后，泛民粹化倾向指部分网络民众热衷于挑战权威、蔑视陈规、自我

---

① ［美］尼尔·波兹曼：《娱乐至死》，章艳译，广西师范大学出版社2004年版，第14页。

放纵、无所顾忌、对抗精英和主流话语，批判意识空前高涨，甚至达到野蛮生长、肆无忌惮的境地。[①] 民粹主义在网络舆论传播中暗流涌动，这与传统媒体的舆论监督与引导失灵不无关系。

推进网络舆论生态治理工作，除却面对一个或一类具体的舆论问题展开具体分析与治理之外，还需要以宏观性、长期性的视角提升舆论治理能力，对治理工作进行周全而长远的思考与规划。这样才能更好地维护网络舆论生态健康有序的发展，更好地维护网络意识形态安全的整体局面。因此，加强机制建设是开展舆情治理工作的必要措施，也是相关主体在面对瞬息万变的舆论状况时的依据和遵循。

一、完善网络舆情的治理机制

长期而复杂工作的开展需要机制的规范与指导。加强网络舆情治理，需要提升网络舆情治理能力，首先必须完善舆情治理机制。在网络舆情的起承转合过程中，信息差引起的误会与矛盾往往对舆情发展起到至关重要的作用。因此，要进一步完善和提升信息公开机制。

从治理主体的角度来讲，可以从以下几个方面入手。首先，相关部门要完善信息发布制度。对社会公众产生重大影响的政策信息，从征求意见到最终确认发布，相关部门要积极主动公开，这是避免舆情发生的重要保障，也是我国实现全过程人民民主的

---

① 葛自发、王保华：《从博弈走向共鸣：自媒体时代的网络舆论治理》，载《现代传播（中国传媒大学学报）》2017 年第 8 期。

必然要求。其次，要完善信息回应制度。以新闻发布会制度为代表的信息回应制度，起到提供信息、回应质疑、推动事件发展等重要作用。尤其在面对突发性重大事件时，相关主体尤其是政府等权威部门应第一时间向社会公布相关信息，这样会有助于安抚民众情绪、稳定社会舆情，提高政府公信力，等等。再者，要适应新时代网络监督这一重要形式。新时代"人人皆媒体"，我国网民已突破 10 亿人，通过网络对政府等相关部门进行监督已成为新常态，故而相关部门要积极适应网络监督的新形势，充分尊重广大网民在舆论场域发表观点的权利和习惯，有意识地搭建政府机关官方网络媒体账号，拓展与群众交互、沟通的桥梁，注重网民提出的建设性意见等，并根据现实发展优化相关机制，持续推进网络治理机制的建设。最后，要建立健全舆情工作机制，加强网络舆论的监测、综合和研判机制。当前新型网络智能技术迅速发展，舆情治理也需要充分发展相关信息技术，利用大数据、情感计算、机器学习、区块链等先进技术解决目前舆情监测失灵、社会情绪研判的缺失等问题。重点改善舆情研究和监管"重信息轻情绪、重描述轻研判"的现状，从而做到对舆情及时预警，及时澄清。[①]

媒体可以在网络舆情治理中发挥重要作用，促进公众正确理解和评估事件，减少谣言和虚假信息的传播，推动社会秩序和谐发展。首先，要保持新闻专业度。媒体尤其是传统媒体应该始终保持敏感度，提供准确、可靠的信息。对于公众关注的热点问

[①] 李彪：《后真相时代网络舆论场的话语空间与治理范式新转向》，载《新闻记者》2018 年第 5 期。

题或争议事件，除及时发送信息报道，更要切实回应公众的重点关切和疑虑，避免因信息错漏、报道角度等新闻报道原则性问题带来次生舆情。其次，加强虚假新闻处理能力。如今网络中的谣言、虚假信息和不实言论泛滥，媒体应承担起事实核查、及时辟谣、处理有害信息的重要责任，提供全面准确的信息，帮助公众正确判断和理解相关事件。同时，提升网络舆情引导力。网络中舆情极化等现象较常出现，引导公众以理性、客观的态度对待问题，避免盲目跟风和偏激情绪的扩散等已成为舆情治理的重要环节。最后，要加大正面报道的力度。当前，负面舆情事件往往更容易占据热搜排行榜，引发负能量充斥网络空间。因此，以主流媒体为代表的官方媒体需要更加关注正能量、优秀事迹和社会进步的新闻，提供积极向上的信息，增强公众的信心和希望，积极建构网络主流价值观，建设清朗的网络舆论空间。

二、完善舆论生态的法律保障机制

舆情治理现代化离不开法律法规的保障，网络安全法律法规是国家网络安全监管的基础。只有通过制定科学的网络安全法律法规，才能够更好地规范网络行为，提高网络安全水平。因此，应该建立完善的网络安全法律法规体系，对网络安全进行全面、系统、深入的规范和管理。

目前，我国舆情治理领域的法律法规建设已经取得了一定成果。《中华人民共和国刑法》及其修正案、《互联网信息服务管理办法》等法律法规中有关网络谣言的罪名体系为刑事治理网络谣言提供了相对完整的法律依据;《中华人民共和国网络安全法》对网络舆论的管理和维护进行了规范;《中华人民共和国新闻出版法》对新闻传媒机构的管理进行了规范,要求新闻机构依法采取措施,确保新闻的真实性和准确性;《中华人民共和国网络传播视听节目服务管理规定》对网络视听节目服务进行了管理,要求网络视听节目服务提供者不得传播违法违规内容,保护公民的合法权益。尽管取得了一定成效,但是在当今的舆论环境和重大舆情事件中,舆情治理现代化的进程并未停歇,仍存在诸多尚未解决的问题与挑战,如网络暴力、重大舆情危机等。政府应加强相关法律法规建设,持续推动舆情治理的法治化进程。

舆情发展对相关法律体系提出了新的要求,随着科技的不断发展,网络舆论管理也需要与时俱进,适应技术创新与环境的变化。第一,加强执法机构的能力建设,提高执法水平和效率,是进一步加强网络舆论法律保障的关键;第二,监督互联网平台企业强化法律意识,促使其依法合规经营、出售网络产品;[1] 第三,加强对互联网公司的法律规定,确保其履行社会责任、积极配合管理要求、阻止虚假信息和有害内容的传播;第四,对公众加强网络舆论法律保障机制的教育和宣传,提高公众对自身权利和义务的认知,增强其法律意识和法治观念;第五,明确重大舆情危机中相关主体的法律责任,并加强对违法行为的追究。

---

[1] 白志华:《新媒体时代的网络舆情风险治理——以社会燃烧理论为分析框架》,载《河南社会学》2022 年第 4 期。

三、加强多元主体的内容生产与互动传播机制

随着网络空间的逐渐成熟和日益复杂，应打破单一线性的治理模式，突出多方治理的价值，建构起网络空间协同治理的有效路径。[①] 主流媒体可以尝试采用更富创意和多样化的报道形式，提高内容的亲民性和趣味性，以吸引更多受众，如数据新闻、虚拟现实、互动图表等。此外，还可以通过视频、动画、漫画等形式，将复杂的信息变得更易理解和接受，利用人工智能、大数据等新技术，开展自动化新闻生成、个性化推荐等，提供更有针对性的内容。例如，《南方都市报》变革生产机制，推动内容多元化，控制传统的文字稿件，通过 KPI 设计，加大对图片、视频、音频、H5、条漫、智库报告等内容形态的推荐力度；《湖南日报》推进新闻＋短视频、图文＋短视频直播、短视频＋慢直播、图文＋短视频＋AR、H5＋短视频等融合传播，探索沉浸式、互动式、社交化产品新形态[②]；《浙江日报》以省市县联动的传播大脑为切入点，构架聚合传播战斗群、挺进媒体变革主赛道、提升主流舆论穿透力，以顶层逻辑"融活"媒体效能。

新闻宣传工作者需要时刻站在"风口浪尖"观察时代、记录时代、引领时代，特别是要在众说纷纭中当好舆论场上的"压舱石""稳定器"。主流媒体要多一些"人间烟火"，多一些"感

---

① 那朝英、薛力：《网络空间协同治理：多元主体及其路径选择》，载《河南师范大学学报（哲学社会科学版）》2021 年第 6 期。
② 王薪棋：《全媒时代如何提升新闻宣传影响力》，载《新湘评论》2024 年第 2 期。

同身受"，关注社会基层和民生问题，报道关系到普通民众利益的话题，增加受众的参与感和认同感。例如，通过设立"读者来稿""意见征集"等栏目，鼓励公众参与内容创作，增加互动和多元性，增加互动的渠道和机制等措施，把群众的智慧和力量凝聚到经济社会高质量发展的事业中来。

网络平台应加强对内容的审核和管理，强化对重要信息的监测与筛选功能，根据存在的有害网络资源、生成的恶意网络程序、隐含的安全隐患及暴发的网络安全事件等，累积形成网络安全威胁信息资料库，并据此对网络安全威胁或漏洞进行清除与治理；要支持活跃网民等积极力量发布宣传正能量、好故事，给予传播正能量内容的创作者更多曝光和推荐的机会，为构建一个积极健康的网络生态环境共同努力；要坚持"内容为王"的基础定位，要对新闻事件的每一个过程进行详细的挖掘，持续而深入地下好深度采集的功夫，形成自己独特的深度报道，让"正能量"赋能"大流量"，进而成为融合传播的"最优增量"，等等。此外，还要充分发挥主流媒体平台的传统比较优势，如专业的人才队伍、专业的新闻传播知识，以及训练有素的媒介素养等，更好地引导受众从现象中看本质、从普通的新闻案例中洞悉底层逻辑，更好地把观点和思想嵌入时代的"信息流"，承担起引导舆论良性互动的职责，做好人心工作。

四、强化网络安全风险的处置机制

网络中问题多，各类网络安全风险类型不断增多，隐蔽性逐渐增强。因而，相应的整治与排查工作也需要不断地转变思路和手段，持续完善与强化相关的处置机制，为网络舆论生态减少负面影响。

首先，应加强灾备体系顶层设计。具体包括明确灾备系统的建设标准、技术架构、运行监管和安全防护等方面要求，针对多发性、特定类型的网络安全风险构建集约高效的灾备体系，完善业务的长期性、持续性流程，并及时进行动态更新与优化，以增强紧急事态应对及恢复能力，确保足够的应对能力。

其次，应加强网络安全事件处置和信息通报机制建设。网络安全风险的暴发往往牵扯不止一个部门或一个单位，安全风险的处置也需要各重要行业部门、关键信息基础设施运营使用单位等的通力合作，持续深化与各科研院所、高校和网络安全企业的资源合作，探索有效的信息通报工作机制，如建设网络安全事件及时报告制度，建成纵横联通、协同配合的网络安全通报预警体系，等等。

再者，要加强网络安全监测技术体系建设。随着 chatGPT、Sora 等人工智能技术的飞速发展，国内外网络安全发展态势愈加复杂，网络安全监测技术的发展也需要坚定"魔高一尺，道高一丈"的决心，深入研究网络安全新技术、新应用，积极统筹国内外前沿技术资源，大力加强网络安全监测技术体系建设，迅速提升全国公安机关和重要行业部门网络安全监测能力。此外，还应建设较为完备的系统化应急响应方式，建立调度通报、动态管理、跟踪研判和问效改进制度，以平台联动实现响应处理联动，实现对跨类别、跨维度态势信息的重组整合、关联分析和可视化掌控。[①]

最后，相关部门要与各大网络信息平台定期开展不同类别的网络生态治理系列专项行动。新闻信息不断产生，网络舆情不定时爆发，网络安全危机四伏，因此网络治理的功夫也需花在平时。根据一段时间内网络生态突出问题，相关部门要实时巡查监测网络舆情和风险，及早发现异常情况是防患于未然的重要举措。例如，整治生活服务类平台信息内容、移动互联网应用程序领域乱象、"自媒体"和短视频信息内容导向不良问题，打击流量造假、网络黑公关、网络水军、网络谣言、网络欺诈，清理未成年人网络不良内容、网络暴力、网络戾气等。

五、构建网民群体的教育机制

网络由众多的网民构成，他们在信息传播研究中无论是被称为"网络节点"，还是"网络原子"，我们都不应该忽略这些网民终究是一个个人。加强对"人"的根本关注，利用网络教育的方式进行"釜底抽薪"式的网络治理，是构建清朗的网络空间的重要途径。因此，我们必须重视构建网民群体的教育机制，可以从以下方面入手。

第一，加强综合的教育机制建设，切实提高网民的意识水平、知识储备和判断能力。加强网络安全意识教育、普及网络安全知识、增强公众和企业对网络安全的重视和自我保护能力，对

---

① 彭思思、周兴会：《大数据时代高校网络舆情治理研究》，载《学校党建与思想教育》2023 年第 24 期。

推动网民在网络空间中的健康发展和文明参与有一定的促进作用。而重视个体责任和自我约束的培养，也是构建良好网络环境的重要方面。因此，首先要准确把握互联网发展的趋势、特点，让教育工作更加有的放矢。例如，我国40岁以上的网民占比持续提升，互联网不断地向中高年龄人群渗透，如何引导他们更好地适应信息技术的发展变化，防范网络谣言、网络诈骗等不法侵害，是网络素养教育面临的一个重要的课题。其次，要突破信息茧房的桎梏，打破同质不良信息的持续输入。我国网民中，信息茧房现象普遍存在，而消费习惯对信息茧房的影响是显著的。[①]例如，我国网络购物市场正逐渐向中小城市及农村地区下沉，相应地针对城乡和地区的差异，引导农村地区网民进一步增强电商交易、网络支付领域的风险防范能力也更为迫切。

第二，网络素养教育应注重分众化。我国互联网兴起于20世纪90年代，兴盛于近十几年，网络中包含60后和70后、80后、90后、00后等不同代际的人群。不同代际的人在思想观念、网络素养等方面有巨大的差异，需要分而教之。例如，针对00后的网络原住民这一代，需要精准把握其作为青年学生的成长规律和存在的思想问题，以他们喜闻乐见的方式和话语体系，精准开展网络思政工作，等等。具体还包括，建立多元化的教育平台，如在线教育平台；提供多样化的网络教育资源，如教学视频、互动课程、在线讨论等；利用社交媒体平台，开展网络素养教育活动，通过有趣、互动的方式向其传递网络知识和道德

---

① 夏倩芳、仲野：《中国网民的新闻消费习惯与信息茧房状况——不同教育人群的素描和比较》，载《新闻记者》2022年第12期。

观念，等等。另外，要进一步加强团结、联系、引导、服务知识界，让大家、名家从文化领域领军人物走近网民，成为网络文化的引路人，积极引导热点话题向正能量领域靠拢。

第三，培养网民的批判性思维和判断能力。如今，网络消费已成为人们日常消费的重要类型，培养批判性的网络消费者，增强其对商业信息的批判性思维有助于网民养成良好的消费认知和习惯，乃至保护其财产安全。首先，要注重提升网民进行逻辑思考和推理的能力，教导其辨别信息的合理性和逻辑结构，提供信息验证的训练，包括了解可靠的信息来源、事实核实的方法和工具，以更加明晰地分析和评估网络信息，增强识别广告和商业宣传的技巧，以免受到虚假宣传的误导。其次，还要进一步加强个人数据隐私保护的教育，让网民了解个人信息的价值和风险，并掌握个人隐私的保护方法和工具。

第四，不断加强道德与伦理的自我修养与内在约束。具体讲，网络空间的不同参与主体都需要认真学习、贯彻执行中共中央、国务院于 2019 年印发的《新时代公民道德建设实施纲要》。这份《纲要》从新时代公民道德建设的总体要求、重点任务、深化道德教育引导、推动道德实践养成、抓好网络空间道德建设、发挥制度保障作用和加强组织领导等七个方面，科学分析了新时代对公民道德建设提出的新要求。《新时代公民道德建设实施纲要》对抓好网络空间道德建设提出了四点明确要求 [1]。此外，还

---

[1]　中国政府网：《中共中央 国务院印发〈新时代公民道德建设实施纲要〉》（2019 年 10 月 27 日），https://www.gov.cn/zhengce/2019-10/27/content_5445556.html（访问日期：2024 年 6 月 20 日）。

可以建立网络监管和道德引导机制，鼓励网络平台、社交媒体和相关行业组织建立自律机制，共同制定准则和规范，引导网民文明参与网络活动；利用各种媒体渠道，开展网络素养和网络道德的宣传活动，提高公众对网络教育的认识和重视；组织与网络素养相关的形式丰富多样的活动，吸引更多人关注和参与，以更好地强化网络教育的影响力和参与度，从而整体提升整体网民的道德自控力，等等。

参考文献

［1］习近平:《习近平谈治国理政（第一卷）》，外文出版社 2014 年版。

［2］习近平:《习近平谈治国理政（第二卷）》，外文出版社 2017 年版。

［3］习近平:《习近平谈治国理政（第三卷）》，外文出版社 2020 年版。

［4］习近平:《习近平谈治国理政（第四卷）》，外文出版社 2022 年版。

［5］习近平:《习近平著作选读（第一卷）》，人民出版社 2023 年版。

［6］习近平:《习近平著作选读（第二卷）》，人民出版社 2023 年版。

［7］习近平:《高举中国特色社会主义伟大旗帜 为全面建设社会主义现代化国家而团结奋斗——在中国共产党第二十次全国代表大会上的报告》，人民出版社 2022 年版。

［8］习近平:《论党的宣传思想》，中央文献出版社 2020 年版。

［9］习近平:《关于〈中共中央关于坚持和完善中国特色社会主

义制度 推进国家治理体系和治理能力现代化若干重大问题的决定〉的说明》，载《人民日报》2019 年 11 月 6 日。

[10] 李伟权、刘新业：《新媒体与政府舆论传播》，清华大学出版社 2015 年版。

[11] 孙忠良：《微博问政与执政党的民主建设研究》，中央编译出版社 2017 年版。

[12] 杨兴坤、周玉娇：《网络舆情管理：监测、预警与引导》，知识产权出版社 2019 年版。

[13] 刘力锐：《基于网络政治动员态势的政府回应机制研究》，东北大学出版社 2012 年版。

[14] ［德］尤尔根·哈贝马斯：《包容他者》，曹卫东译，上海人民出版社 2022 年版。

[15] ［法］古斯塔夫·勒庞：《乌合之众——大众心理研究》，赵丽慧译，中国妇女出版社 2017 年版。

[16] ［美］尼尔·波兹曼：《娱乐至死》，章艳译，广西师范大学出版社 2004 年版。

[17] ［法］布尔迪厄、［美］华康德：《反思社会学导引》，苏国勋主编，商务印书馆 2015 年版，第 64 页。

[18] 新华社：《中国共产党第十九届中央委员会第三次全体会议公报》，载《中国纪检监察》2018 年第 4 期。

[19] 新华社：《中共中央关于深化党和国家机构改革的决定》，载《实践（思想理论版）》2018 年第 4 期。

[20] 潘莉、任凤梅：《自觉、自信、自为：习近平文化思想的逻辑理路》，载《湖南社会科学》2024 年第 2 期。

［21］谭伟：《网络舆论概念及特征》，载《湖南社会科学》2003年第 5 期。

［22］李宗建、程竹汝：《新媒体时代舆论引导的挑战与对策》，载《上海行政学院学报》2016 年第 5 期。

［23］柯贵幸、迟毓凯、王波：《非常时期网络谣言的传播机制和应对策略》，载《社会心理科学》2009 年第 1 期。

［24］张志安、晏齐宏：《网络舆论的概念认知、分析层次与引导策略》，载《新闻与传播研究》2016 年第 5 期。

［25］桂勇、李秀玫、郑雯、黄荣贵：《网络极端情绪人群的类型及其政治与社会意涵 基于中国网络社会心态调查数据（2014）的实证研究》，载《社会》2015 年第 5 期。

［26］张志安、张美玲：《互联网时代舆论引导范式的新思考》，载《人民论坛·学术前沿》2016 年第 5 期。

［27］李宗建、程竹汝：《新媒体时代舆论引导的挑战与对策》，载《上海行政学院学报》2016 第 5 期。

［28］曹劲松：《把握舆论引导中的“度”》，载《现代传播（中国传媒大学学报）》2014 年第 4 期。

［29］孙忠良：《议微博时代官方媒体的角色定位》，载《电子政务》2014 年第 8 期。

［30］王艺：《重大突发公共事件的微博舆情监测与引导初探》，载《贵州民族学院学报（哲学社会科学版）》2011 年第 5 期。

［31］李彪、喻国明：《“后真相”时代网络谣言的话语空间与传播场域研究——基于微信朋友圈 4160 条谣言的分析》，载

《新闻大学》2018 第 2 期。

［32］党君、马俊树：《重大突发事件中社交媒体建设性新闻的实践效果——基于〈人民日报〉官方微博对 MU5735 空难报道的分析》，载《现代传播（中国传媒大学学报）》2023 年第 2 期。

［33］刘婵君、沈玥晨：《共识兼顾与集体取向：中国主流媒体建设性新闻实践——关于人民日报微博官方账号新冠疫情报道的分析》，载《新闻与传播研究》2022 年第 4 期。

［34］王国华、陈飞、曾润喜、钟声扬、杨腾飞：《重大社会安全事件的微博传播特征研究——以昆明"3·1"暴恐事件中的 @ 人民日报新浪微博为例》，载《情报杂志》2014 年第 8 期。

［35］韦路、陈俊鹏：《全媒体矩阵传播：国际重大新闻事件舆论引导的路径、效果与策略》，载《当代传播》2024 年第 2 期。

［36］张薇、毛浩然、汪少华：《突发公共卫生事件官方媒体报道的隐喻架构分析——基于 SARS 和 H7N9 疫情报道语料》，载《福建师范大学学报（哲学社会科学版）》2015 年第 2 期。

［37］赵阿敏、曹桂全：《政务微博影响力评价与比较实证研究——基于因子分析和聚类分析》，载《情报杂志》2014 年第 3 期。

［38］陈婷婷：《国际话语场中叙事话语表达及国家形象呈现》，载《学术界》2023 年第 11 期。

［39］高金萍、刘媛媛：《讲好中国疫苗故事的策略研究——基于美国三大报涉华新冠疫苗报道的分析》，载《国际传播》2021 年第 4 期。

［40］赵文才：《从主流外媒寻求国际传播新突破的方向和路径》，载《中国记者》2024 年第 1 期。

［41］韩宏伟：《超越"塔西佗陷阱"：政府公信力的困境与救赎》，载《湖北社会科学》2015 年第 7 期。

［42］林斯娴：《新时代大周边舆论环境研究：结构、特征及启示》，载《太平洋学报》2022 年第 11 期。

［43］沈悦、金圣钧：《中国特色国际传播叙事的多维转向与进路优化》，载《云南社会科学》2023 年第 6 期。

［44］许晋铭、曹德军：《国际关系中的战略叙事及其影响机制探析》，载《太平洋学报》2022 年第 8 期。

［45］高欣峰、陈丽：《信息素养、数字素养与网络素养使用语境分析——基于国内政府文件与国际组织报告的内容分析》，载《现代远距离教育》2021 年第 2 期。

［46］林如鹏、罗坤瑾：《构建网络内容建设的新形态、新样态、新生态》，载《中国编辑》2022 年第 11 期。

［47］姚延婷、王通：《在线视频平台如何进行优质内容生态建设——以 B 站平台为例》，载《传媒》2024 年第 2 期。

［48］喻国明、赵睿：《网络素养：概念演进、基本内涵及养成的操作性逻辑——试论习总书记关于"培育中国好网民"的理论基础》，载《新闻战线》2017 年第 3 期。

［49］曾祥敏、董华茜：《平台建设与服务创新的维度与向度——

基于 2022 年主流媒体深度融合发展的调研》，载《中国编辑》2023 年第 1 期。

［50］张力：《网络强国目标下公民网络素养培育研究》，载《学校党建与思想教育》2023 年第 9 期。

［51］王聪颖：《浅析社交媒体时代下的网络舆论场》，载《新闻传播》2019 年第 11 期。

［52］南振中：《把密切联系群众作为改进新闻报道的着力点》，载《中国记者》2003 年第 3 期。

［53］徐世甫：《新时代网络舆论引导缺场生成的意识形态安全问题》，载《毛泽东邓小平理论研究》2018 年第 11 期。

［54］方婧、陆伟：《微信公众号信息传播热度的影响因素实证研究》，载《情报杂志》2016 年第 2 期。

［55］陈阳、周子杰：《从群众到"情感群众"：主流媒体受众观转型如何影响新闻生产——以人民日报微信公众号为例》，载《新闻与写作》2022 年第 7 期。

［56］祝兴平、张微：《微信爆文的情绪化表达与热点公共事件的舆情传播》，载《中国出版》2019 年第 1 期。

［57］杨仲迎：《全媒体时代高校网络舆情危机应对决策体系构建研究》，载《新闻爱好者》2022 年第 5 期。

［58］盖青、朱瑞新：《高校突发事件网络舆情应对策略研究》，载《中国高等教育》2023 年第 13/14 期。

［59］成涛、谭雅颖：《自媒体时代下高校突发事件网络舆情挑战和应对》，载《湖南社会科学》2019 年第 3 期。

［60］秦东方、黄戈林：《大思政格局下加强高校师德师风建设探

析》，载《思想理论教育导刊》2023 年第 5 期。

［61］苏寄宛：《加强新时代高校师德师风建设的思考》，载《中国高等教育》2021 年第 24 期。

［62］马旭：《高校突发事件网络舆情传播与演化研究》，载《情报科学》2022 年第 12 期。

［63］朱丽丽、何阿龙：《樱花为什么这样"红"：历史、事件与神话中的媒介化情感链——以新浪微博武汉大学樱花相关话题为例》，载《新闻记者》2023 年第 12 期。

［64］傅才武、严星柔：《论武汉"英雄城市"的文化性格及未来表达》，载《江汉论坛》2020 年第 8 期。

［65］蒋睿萍：《新媒体时代高校品牌形象的建构与传播——评〈高校品牌构建与公共关系传播〉》，载《新闻爱好者》2022 年第 6 期。

［66］曾妍：《形象修复理论视角下的高校危机传播管理》，载《高教探索》2018 年第 12 期。

［67］刘正奎、刘悦、王日出：《突发人为灾难后的心理危机干预与援助》，载《中国科学院院刊》2017 年第 2 期。

［68］董坚峰：《基于 Web 挖掘的突发事件网络舆情预警研究》，载《现代情报》2014 年第 2 期。

［69］喻国明：《官博"管理革命"：立场、魅力、底线》，载《人民论坛》2012 年第 30 期。

［70］陈新、黄冰、邱倩文等：《广州大学生校园性骚扰发生现况》，载《中国学校卫生》2021 年第 3 期。

［71］徐世甫：《新时代网络舆论引导缺场生成的意识形态安全问

题》，载《毛泽东邓小平理论研究》2018 年第 11 期。

［72］张冉、郑力：《校园安全与校园性骚扰——一项基于北京高校的调查研究》，载《复旦教育论坛》2021 年第 3 期。

［73］赵阿敏、曹桂全：《政务微博影响力评价与比较实证研究——基于因子分析和聚类分析》，载《情报杂志》2014 年第 3 期。

［74］聂妍：《从网络群体事件看现代媒介环境下的"乌合之众"——以勒庞的〈乌合之众——大众心理研究〉为视角》，载《新闻研究导刊》2016 年第 15 期。

［75］王雪芬、赵宇翔、卢珂：《社交媒体交互中用户非理性信息行为研究述评》，载《情报理论与实践》2023 年第 8 期。

［76］李晚莲、陈志韶：《公共危机治理中网络舆论的非理性表达：阻断主体、方法与策略分析》，载《重庆社会科学》2020 年第 5 期。

［77］李悦、王法硕：《邻避事件中的公众情绪、政府回应与信息转发意愿研究》，载《情报杂志》2021 年第 4 期。

［78］王江蓬、李潇凝：《建设性新闻视域下的公众情绪治理——以重大突发事件为中心的考察》，载《中国编辑》2021 年第 10 期。

［79］周榕、陈依云：《新媒体时代的情绪传播及危机应对——以大型体育赛事中的危机情景为例》，载《新闻与写作》2021 年第 2 期。

［80］吴越、李发根：《舆论极化研究综述》，载《情报杂志》，2022 年第 4 期。

[81] 葛岩：《社交媒体和舆论极化的涌现》，载《中国社会科学报》2019年7月23日。

[82] 赵文：《微博热点事件网民评论中客体的泛化研究》，载《新闻世界》2019年第12期。

[83] 王晓培：《从技术赋权到平台逻辑：社交媒体舆论极化形成与治理》，载《中国出版》，2023年第14期。

[84] 余秀才：《全媒体时代的新媒介素养教育》，载《现代传播（中国传媒大学学报）》，2012年第2期。

[85] 喻国明、赵睿：《网络素养：概念演进、基本内涵及养成的操作性逻辑——试论习总书记关于"培育中国好网民"的理论基础》，载《新闻战线》，2017年第3期。

[86] 张开：《加强网络文化建设 提升网民网络素养》，载《国家治理》2019年第40期。

[87] 刘嘉圣：《新时代爱国主义教育的实践路径》，载《学校党建与思想教育》2020年第3期。

[88] 韦华、王文中：《〈金刚川〉：红色题材电影的现代转向》，载《电影文学》2021年第9期。

[89] 李滨娜：《〈我和我的祖国〉微观视角下的爱国主义精神表达》，载《电影文学》2019年第24期。

[90] 李凯强：《新感性时代：新主流党史题材电影的情感价值生产与意义感知》，载《电影文学》2021年第19期。

[91] 梁明、万子菁：《形式即内容——曾念平电影摄影风格》，载《当代电影》2009年第2期。

[92] 葛自发、王保华：《从博弈走向共鸣：自媒体时代的网络舆

论治理》，载《现代传播（中国传媒大学学报）》2017 年第
8 期。

［93］李彪：《后真相时代网络舆论场的话语空间与治理范式新转
向》，载《新闻记者》2018 年第 5 期。

［94］白志华：《新媒体时代的网络舆情风险治理——以社会燃烧
理论为分析框架》，载《河南社会学》2022 年第 4 期。

［95］那朝英、薛力：《网络空间协同治理：多元主体及其路径选
择》，载《河南师范大学学报（哲学社会科学版）》2021 年
第 6 期。

［96］王薪棋：《全媒时代如何提升新闻宣传影响力》，载《新湘
评论》2024 年第 2 期。

［97］彭思思、周兴会：《大数据时代高校网络舆情治理研究》，
载《学校党建与思想教育》2023 年第 24 期。

［98］夏倩芳、仲野：《中国网民的新闻消费习惯与信息茧房
状况——不同教育人群的素描和比较》，载《新闻记者》
2022 年第 12 期。

后记

　　上海信息安全与社会管理创新实验室自 2012 年成立以来，一直致力于网络舆情分析与研究工作，并取得了较好成效。2017年，我们研究团队又成功申报了上海高校人文社会科学重点研究基地。该基地的名称为"网络思想政治教育与社会治理研究中心"。这一名称包含了网络思政与社会治理两大研究领域，指明了该基地关注与研究问题的主要方向。我理解，这两个问题虽分属不同的学科领域，但从问题呈现的样态、原因与影响来讲，针对一些问题的深入探究，两者还是具有内在相通之处的，需要兼顾两个研究领域的视野、理论与方法。

　　2023 年 10 月，全国宣传思想文化工作会议召开，正式提出并系统阐述了习近平文化思想。在此次会议上，习近平总书记对宣传思想文化工作作出重要指示，提出"七个着力"的重大要求。其中，"着力建设具有强大凝聚力和引领力的社会主义意识形态""着力提升新闻舆论传播力引导力影响力公信力"对于网络舆论研究与治理工作具有极大的启发和指导意义。"七个着力"既是认识论又是方法论，需要我们一线学者、研究员与工作人员深刻学习领会，并努力践行。近年来，网络空间已成为人们进行信息传播与交流的主要场所。网络舆论的变化与发展状况也越来越受到政府部门及学界的关注。网络舆论反映现实，也能影响现实，并时刻处于变化之中。这需要我们开展长期的追踪与研究。

本书对近年来网络舆论场中引发人们广泛关注的一些舆论现象与热点议题进行专题讨论，旨在对网络舆论表象下的演化规律、价值引领以及问题治理等进行尝试性分析，以便于更好地在网络空间弘扬社会主义核心价值观，并增强理性客观的价值判断，较为有效地开展网络舆论生态治理。同时，我们也应该看到，开展网络舆论治理有利于推动网络舆论场的正能量聚集，进而建设风清气正的网络生态环境。在某种程度上讲，有效治理网络舆论就是为了凝聚全社会各参与主体的力量，预防和规避舆论风险的生成与演化，坚守公平与正义的社会价值，在客观、理性的认知框架与思想共识下共同维护健康有序的网络舆论生态环境。这些研究对于开展网络思想政治教育工作也具有较好的借鉴与启发意义。基于此，本书希望在理论认识与实践工作层面都能发挥一些功能与作用。

在本书出版之际，衷心感谢上海信息安全与社会管理创新实验室同事都晓琴、范宁雪、张笑笑、邱天、薛一文、张玲、项来婷、周文欣、佘承云、尹世伟等。大家在网络舆情监测与分析方面都具有丰富的工作经验和深刻的理论认知。在此，特别对张笑笑表示衷心感谢。她花费了大量时间与精力对书中存在的一些谬误进行了很好的修正，对全部书稿进行了细心校对。在本书撰写过程中，上海财经大学刘长喜教授等专家都给予了很好的建议与关心。洪磊等研究团队成员，开展了前期的数据采集、整理与分析工作，对大家开展的大量辛勤劳动与贡献表示由衷谢意。如果没有大家的支持与帮助，本书还不一定能够及时出版。在此，对本书借鉴与吸收的所有研究成果的著者，对关心该研究成果形成的所有领导、同事和朋友，给予最衷心的感谢！此外，还要感谢中国出版集团东方出版中心朱荣所等编辑为本书的顺利出版所付出的艰辛劳动。最后，感谢上海开放大学全体校领导的关心，以及"上海开放大学关于全面推动科研高质量发展三年行动计划（2022—2024）""上海高校马克思主义学院攻坚提质计划"等项目的支持。

因个人研究水平、时间与精力所限，书中的一些问题分析还是初步的，一些内容难免出现疏漏，甚至谬误，恳请读者朋友们对其中的问题与不足给予批评指正。对大家的关心与支持表示由衷的谢意！

侯劭勋

2024 年 8 月